Christine Haiden

Bigos & Baklava

Lebensgeschichten und Kochrezepte aus dem neuen Europa

welt der frau kfb

1. Auflage (2003)
Lektorat: Anna Jungreithmayr, Linz
Umschlaggestaltung, Layout, Satz, Repro: Lois Jesner, Linz
Umschlagmotiv: Teubner (2)
Fotonachweis: Haiden
Druck und Bindung: Pecho Druck GmbH., Linz

ISBN 3-9501580-1-4

Vorwort

Zu den Neuigkeiten des Jahres 2003 gehörte, dass die EU-Ost-Erweiterung nun bald Realität werden wird. Doch die Ost-Erweiterung hat längst stattgefunden. Viele unserer österreichischen Nachbarinnen und Nachbarn stammen aus den Ländern Mittel-, Ost- und Südosteuropas. Sie kamen nach Österreich als Flüchtlinge, auf der Suche nach Arbeit oder sie folgten einem geliebten Menschen. In diesem Buch kommen einundzwanzig von ihnen mit ihrer Lebensgeschichte zu Wort.

Das Geschichtsbild einer ganzen Generation, aller zwischen 1945 und 1990 Geborenen, ist geprägt durch die Trennung Europas in einen „freien Westen“ und einen „kommunistischen Osten“. Diese Trennung hat in unserer Vorstellung vom Osten massive Vorurteile und Klischeebilder entstehen lassen. Tatsächlich wissen wir noch sehr wenig, wie die Menschen in den kommunistischen Ländern wirklich gelebt haben oder leben mussten. Wir wissen wenig über die Geschichte dieser Länder und wenn, dann haben wir sie aus dem Blickwinkel der ehemals Herrschenden vermittelt bekommen.

Das mangelnde Wissen über das Leben der Menschen in der anderen Hälfte Europas führt dazu, dass wir wenig Vorstellungen über die Brüche und großen Veränderungen in deren Leben haben.

Im neuen Europa soll es nicht nur um den großen Wirtschaftsraum, sondern um eine neue Friedensordnung gehen. Frieden wächst aus Respekt, Gespräch und dem Stärken des Verbindenden.

Dieses Buch will dazu einen Beitrag leisten.

Liebe geht, so will es ein altes Sprichwort, durch den Magen. Um zumindest ein erstes Kennenlernen zu ermöglichen, haben alle in diesem Buch Befragten Kochrezepte zur Verfügung gestellt. Viele sind traditionelle Speisen aus ihrer ersten Heimat.

Die Gespräche für dieses Buch waren für mich beeindruckend und berührend. Ich bedanke mich bei denen, die sich offen und mit viel Zeit auf diese Unterhaltungen eingelassen haben. Danke allen, die Kontakte für die Gespräche vermittelt oder das Buchprojekt auf andere Weise unterstützt haben.

Christine Haiden
Linz, im Juli 2003

Inhaltsverzeichnis

Heimat Polen

Meine Heimat sind zwei Länder –
Elisabeth Heinzl 9

Das Verbindende sieht man aus der Ferne besser –
Elzbieta Schleicher 14

Ich wollte reisen und Menschen kennen lernen –
Ewa Fedorowicz 25

Von Österreich nach Krakau kannst du zu Fuß gehen –
Lidia Antonik 30

Heimat Tschechien

Sie sehen, wir hatten kein einfaches Leben –
Anna Bicková 37

Heute ist meine Heimat Mitteleuropa –
Dagmar Kunert 43

Die Österreicher sind wie wir –
Vera Frydrysek 47

Meine Heimat reicht von Strakonice bis Linz-Urfahr –
Petr Koudelka 54

Ich hörte nie darüber jammern, was wir verloren haben –
Dana Ployer 60

Heimat Rumänien

Wir hatten nur, was wir am Leib trugen –
Cornelia Binder 68

Ich habe die Küche gewechselt –
Mathild Farkas 76

Wo ist daheim und was ist zuhause? –
Rozalia Papp 83

Heimat Ungarn

Wir haben täglich drei Sprachen gesprochen –
Emese Egyed 92

Heimat Weißrussland

Ich will die Menschen nehmen, wie sie sind –
Aksana Huber 99

Heimat Litauen

Wir haben lange nichts von der Welt gewusst –
Ruta Fischer 104

Heimat Bulgarien

Spätestens in der Rente fahren wir zurück – oder auch nicht –
Margarita Deltcheva 112

Die Österreicher sind Balkanier, zumindest ehemalige –
Rusitsa Palina Nemec 118

Heimat Slowenien

Ich finde keinen Unterschied zwischen Österreichern
und Slowenen –
Manica Voglsam 123

Heimat Bosnien-Herzegowina

Für mich zählt, ob jemand ein Mensch ist –
Jadranka Domazet 130

Zuhause reden wir Kroatisch –
Ivanka Topić 137

Heimat Serbien

Meine Leute sind mit nichts gekommen –
Goran Stojkov 143

Meine Heimat sind zwei Länder

Mag. Elisabeth Heinzl, Jahrgang 1948, geboren in Polen, lebt seit 1982 in Schenkenfelden, Oberösterreich. Sie ist verheiratet und hat drei Kinder im Alter von 19, 16 und elf Jahren.

Der Name Heinzl, den Elisabeth Grosinska seit ihrer Heirat trägt, hatte in ihrer polnischen Familie seit dem Zweiten Weltkrieg einen besonderen Klang. Den Klang der Lebensretter.

Die Familie von Elisabeth Grosinska lebte während des Zweiten Weltkriegs in Warschau. Angesehene Bürger, die aber im Widerstand zu den Nationalsozialisten standen. Als der Warschauer Aufstand der polnischen Widerstandsgruppen 1944 blutig niedergeschlagen wurde, wurde die gesamte Familie deportiert. Mutter, Großmutter und die Tante von Elisabeth wurden in den Zug nach Mauthausen verfrachtet. „Sie waren auf das Sterben gefasst", erzählt Elisabeth. Doch es kam anders. Neben vielen anderen hatte die Bauernfamilie Heinzl aus Schenkenfelden um die Zuteilung von Arbeitskräften ersucht. Nach zwei Wochen KZ kamen die drei todgeweihten polnischen Frauen zu den Mühlviertler Bauern. Die 19-jährige Genoveva, die spätere Mutter von Elisabeth, wurde Familie Heinzl zugeteilt, ihre Schwester und die Mutter kamen zu unmittelbaren Nachbarn. Nicht nur, dass den drei Frauen der Arbeitseinsatz das Leben gerettet hat, „dort haben sie ganz andere Leute kennen gelernt". Menschen, die sie gut versorgten, ihnen ordentlich zu essen gaben, und vor allem: die Mitmenschen in ihnen sahen. So saß Genoveva verbotenerweise zum Essen mit der Bauernfamilie am Tisch und wurde wie eine eigene Tochter behandelt. Eine enge Beziehung, die von den Nazis eigentlich verboten war, wuchs.

Nach dem Ende des Krieges kehrten Elisabeths Verwandte nach Polen zurück. Sie zogen auf das Dorf, um in einer geschützten Atmosphäre ihr Kriegstrauma leichter zu verarbeiten. Den damit verbundenen gesellschaftlichen Abstieg nahmen sie in Kauf. Nur mehr Erzählungen erinnerten an die Zeit in Österreich und die Familie Heinzl. Mit ihnen ist Elisabeth groß geworden.

Erst 1972 wurde der Kontakt wieder aufgenommen, als Frau Heinzl mit ihren Kindern zu Besuch nach Polen kam. Elisabeth studierte damals gerade Jus, hatte einen Freund und nahm die Gäste nur wohlwollend wahr.

1980 reiste Elisabeth mit ihrer Mutter und ihrer Schwester nach Österreich, um der Familie Heinzl in Schenkenfelden einen Gegenbesuch abzustatten. Zwischen Elisabeth Grosinska und Franz Heinzl entspann sich eine Sympathie, die langsam und behutsam wuchs und 1982 durch den Ehebund besiegelt wurde. „Meine Geschichte ist fast wie ein Märchen, wo die Mutter aus Dankbarkeit ihr Erstgeborenes dem Retter verspricht", meint Elisabeth.

Sie hatte ihren Lebensweg ganz anders angelegt. Nach einer Ausbildung als Physiotherapeutin hängte sie ein Jusstudium an und arbeitete als Juristin für ein Krankenhaus und später im Gesundheitsministerium. Sie ist viel gereist, war unabhängig und finanziell ganz gut gestellt. „Mein Beruf hat mir sehr viel bedeutet." Der Umzug nach Österreich hat viel verändert: „Ich habe bei meiner Heirat viel aufgegeben, aber ich habe auch viel bekommen." Zum Beispiel ihre drei Söhne. In ihrem Beruf als Physiotherapeutin hat sie in Linz weitermachen können. Vor allem in der Pfarre hat sie eine geistige Heimat und Platz für ihr Engagement gefunden. „Wir wollen, dass Schenkenfelden eine Art soziales Schutzgebiet ist, wo durch ein intensives Miteinander alle gut leben können." Besonders behinderte Menschen sind in Schenkenfelden vorbildlich integriert.

„Auf den Fremdenhass in Österreich war ich nicht gefasst", erzählt Elisabeth. In ihrer Heimat Polen sei das Neue, das Andere von vornherein positiv. Man sei neugierig und aufgeschlossen. Vielleicht, überlegt sie, hänge das damit zusammen, dass die Polen immer auch fremde Herrscher auf ihren Königsthron berufen haben.

Der Kontakt zu den Eltern in Polen ist intensiv. Drei bis vier Mal im Jahr legt Elisabeth, meist begleitet von ihrer Familie, die 900 Kilometer zurück. „Meine Heimat ist nun in zwei Ländern. Auch bei meinen Söhnen ist das so. Wir haben Wurzeln in zwei Ländern und das gibt uns Sicherheit."

Weihnachten in Polen

Der Heilige Abend ist im katholischen Polen ein Fasttag. Am 24. Dezember gibt es nur ein fleischloses Mahl, das mit „Oblatek“ beginnt, sobald sich der erste Stern am Himmel zeigt. Diese Oblaten sind geprägt mit religiösen Motiven. Jeder bekommt ein Stück davon gebrochen und der sie austeilt, verbindet für jeden damit gute Wünsche. Die Gebete, die gesprochen werden, sind von Familie zu Familie verschieden.

Die sauren Weihnachtsspeisen sind in Polen sehr fischig. Hering in verschiedenen Versionen und Karpfen gehören einfach dazu. Sie erinnern daran, dass die polnische Küche sehr jüdisch beeinflusst ist. Zahlreiche Juden, die aus Frankreich vertrieben worden waren, siedelten sich in Polen an.

Aber auch der bäuerliche Einfluss macht sich bei einigen typischen Weihnachtsspeisen bemerkbar. Etwa bei Kraut, Erbsen und Mohnnudeln mit Kompott. Wichtig ist, dass die Anzahl der Gänge beim Festessen eine ungerade Zahl ist.

Kekse, wie sie in Österreich untrennbar mit Weihnachten verbunden sind, backen polnische Hausfrauen kaum. Eher schon Kuchen und viele Varianten von Lebkuchen. Einen davon offeriert Elisabeth Heinzl.

Polnischer Früchtelebkuchen

1/4 l Honig
1/2 P Lebkuchengewürz
1 Msp Nelken
3 El gekochtes, abgekühltes Wasser
20 bis 60 dag kandierte Früchte (Datteln, Feigen, Orangen, Zwetschken) und Nüsse
1/4 l Rotwein zum Einweichen der kandierten Früchte
5 Eidotter
2 dag Kristallzucker
4 dag Butter oder Margarine
5 Eiklar
15 dag Mehl
1 dag Natron

Honig und Gewürze auf kleiner Flamme zum Kochen bringen, 3 El Wasser dazugeben und aufkochen. Vom Feuer nehmen. Unter ständigem Rühren abkühlen lassen.

Kandierte Früchte am Vortag in Rotwein einweichen, mehrmals wenden und zugedeckt ziehen lassen. Abgekühlten Honig mit Eidottern, Zucker und Butter verrühren. Eiklar zu festem Schnee schlagen und unterheben, dann das Mehl zufügen und zu einem Teig verkneten. Mit der Küchenmaschine zirka 20 Minuten durcharbeiten. Das Natron in kaltem Wasser auflösen. Natron und Früchte unter den Teig mischen.

Eine lange Kastenform mit Backpapier auslegen, die Masse einfüllen und langsam bei 160 Grad zirka 45 bis 60 Minuten backen. Die Masse reicht für zwei größere Kastenformen. Nach dem Backen auskühlen lassen. Erst vor dem Verzehr anschneiden.

Dieser Lebkuchen ist sehr lange haltbar. Der Form nach erinnert er an Kletzenbrot. Dünn aufgeschnitten schmeckt er am besten.

Das Verbindende sieht man aus der Ferne besser

Elzbieta Schleicher stammt aus Breslau in Polen. Seit 1975 ist sie mit einem Österreicher verheiratet und lebt in Wien. Die Psychologin und Dolmetscherin hat vier Kinder im Alter von zwölf bis 24 Jahren.

„Mein Vater war dagegen, dass ich einen Deutschen heirate. Aber Papa, habe ich gesagt, er ist doch Österreicher." Elzbieta Schleicher hatte ihren Mann Rembert über einen Studentenaustausch der Katholischen Hochschulgemeinde Graz kennen gelernt. Anfang der 1970er Jahre gehörte Elzbieta zu der jungen Generation Polens, die den Kontakt zum Westen suchte. Ihre Eltern trugen noch an der Last der Geschichte. Elzbietas Vater war sechs Jahre in deutscher Kriegsgefangenschaft gewesen. Er wollte danach nach England auswandern, doch seine Braut ermunterte ihn, sich im freieren Westteil Polens anzusiedeln. So zog die Familie nach Breslau, eine Stadt im Südwesten Polens, nahe der deutsch-tschechischen Grenze. Hier war früher Sudentenland, eine Gegend, in der viele Deutsche siedelten. Nach dem Ende des Zweiten Weltkrieges mussten sie flüchten oder wurden vertrieben. Viele polnische Familien besiedelten die verlassenen Wohnungen und Häuser der Deutschen. Die Angst, diese könnten zurückkommen, sei immer unterschwellig da gewesen, erinnert sich Elzbieta. Deswegen seien auch viele Häuser nie richtig renoviert worden. Bis heute wohnt Elzbietas Mutter in einer Wohnung, die vor 1945 Deutschen gehörte.

„Lange Zeit war jemand, der Deutsch spricht, bei uns in Polen nicht gern gesehen", erzählt Elzbieta. Heute bemühen sie und ihr Mann sich sehr um den kulturellen Austausch zwischen Polen und Österreich. „Es gibt so viele gemeinsame Wurzeln und so viel gemeinsame Geschichte, vor allem auch in der Literatur und der Kunst." Seit einigen Jahren wird die prächtige Altstadt von Breslau wieder renoviert. „Es war mir schon eine Genugtuung, als österreichischen Reisenden beim Anblick Breslaus der Mund offen geblieben ist", verhehlt Elzbieta nicht.

Den Kulturmix hat Familie Schleicher auch in den Vornamen ihrer Kinder dokumentiert. Der älteste Sohn heißt Jakob Kristian Peregrin, der zweite Sohn Korbinian Stanislaus, der dritte Xaver Kristian Isidor und die Tochter Kinga Clarissa Maria. Der zweite Sohn, Korbinian, absolvierte vor kurzem seinen Zivildienst in Krakau. Elzbieta Schleichers Kinder sprechen nicht nur Polnisch, sondern beherrschen die Sprache auch schriftlich. „Ich habe immer mit ihnen Diktate in Polnisch gemacht, damit sie auch schreiben können." Sie ist überzeugt, dass eine neue Sprache auch eine neue Welt eröffnet.

Sie hat sich die Welt der deutschen Sprache und Kultur erschlossen, ihr Mann hat sich die polnische Sprache angeeignet. „Als wir kürzlich in Polen waren, hat ein Mann zu mir gesagt: Sie sprechen ein sehr schönes Polnisch, aber Ihr Mann hat schon ein bisschen etwas vergessen."

Elzbieta und Rembert Schleicher haben Anfang der 1980er Jahre, als nach der Verhängung des Kriegsrechts in Polen viele Flüchtlinge kamen, zahlreiche Polen bei sich aufgenommen und weiter gelotst.

Ihre berufliche Laufbahn hat Elzbieta weitgehend der ihres Mannes untergeordnet. In Polen war sie als Psychologin ausgebildet worden. In Österreich fand sie keine angemessene Stelle und studierte Dolmetsch für Polnisch, Russisch und Deutsch. Das nützte ihr auch, als sie mehrere Jahre in Krakau lebte, als ihr Mann dort österreichischer Konsul war. Seit die Familie in Wien zurück ist und Rembert Schleicher an der Universität Wien ein Institut für Internationale Beziehungen leitet, arbeitet Elzbieta wieder als Psychologin.

„Ich entspreche absolut dem Ideal der marienverehrenden Polin", gibt Elzbieta unumwunden zu. Sie hat ihren Mann sogar an einem polnischen Marienfeiertag geheiratet. „Ich glaube, das Sorgende, das Mütterliche ist es. Maria wird gesehen als die Mutter Polens, die bei allen Kämpfen mit den Besatzern, die es all die Jahrhunderte immer wieder gegeben hat, geholfen hat. Und sie war auch im Kommunismus ein wichtiges Symbol." Elzbietas Großvater war noch Großgrundbesitzer, den die Kommunisten enteignet haben. Ihre Eltern waren bei der Straßenbahn in Breslau angestellt. Sie waren nicht Mitglieder der kommunistischen Partei, was viele Nachteile von der Zuteilung eines Ferienquartiers bis zum Bezug von Naturalleistungen hatte. „Das Studieren war für mich aber möglich, weil meine Eltern der Arbeiterklasse angehörten." Und als der Professor an der Universität ihr mit einer Assistentenstelle auch das Parteibuch antrug, hat Elzbieta sich ganz anders entschieden, hat geheiratet und ist nach Österreich übersiedelt.

Süßes aus Polen

Die Maßangabe Glas in den folgenden Rezepten bezieht sich auf ein Ein-Viertel-Liter-Glas.

Strucla makowo-orzechowa

(Mohn-Nuss-Potitze)

Teig:
5 dag Germ
10 dag Zucker
50 dag Mehl
2/3 Glas Milch
2 Eidotter
2 Eier
4 El Butter
2 Tl Vanillezucker

Fülle:
40 dag ungemahlener Mohn
1,5 l Milch
20 dag Butter
3/4 Glas Honig
10 dag gehackte Walnüsse
5 dag Mandeln
3 El Rosinen
2 El Orangeat
Vanillearoma
5 Eier
1 Glas Zucker

Fülle: Den Mohn waschen, mit kochender Milch übergießen und auf kleiner Flamme 45 Minuten kochen, von Zeit zu Zeit umrühren. Den Mohn abseihen und drei Mal mahlen. Butter mit Honig schmelzen, die fein gehackten (oder gemahlenen) Walnüsse und Mandeln sowie die mit heißem Wasser übergossenen und abgeseihten Rosinen, Orangeat und Vanillezucker dazugeben, mit dem Mohn vermischen und unter ständigem Rühren 15 Minuten erhitzen. Dotter mit Zucker schaumig schlagen und mit der ausgekühlten Mohnmasse vermischen. Eiklar steif schlagen und vorsichtig unter die Masse heben.

Teig: Germ zerbröckeln und mit 2 El Zucker sowie ein paar Esslöffel Mehl in der erwärmten Milch auflösen, zudecken und an einem warmen Ort gehen lassen. Zwei Dotter mit Zucker schaumig schlagen und mit dem aufgegangenen Dampfl (der Germmasse) vermischen. Zwei Eier und das Mehl dazumengen, das Ganze so lange kneten, bis sich der Teig beim Kneten von den Händen löst. Dann die ge-

schmolzene lauwarme Butter und den Vanillezucker dazugeben und den Teig an einem warmen Ort gehen lassen.

Potitze: Den auf das Zweifache aufgegangenen Teig teilen und in zwei eher dünne Rechtecke auswalken, Mohnfülle darauf verteilen, Potitze einrollen, in längliche mit Backpapier ausgelegte Formen legen und noch einmal an einem warmen Ort gehen lassen; dann ungefähr 50 Minuten bei 190 Grad backen. Die fertige Potitze kann man mit Zuckerguss überziehen.

Swiateczne pierniki

(Festtagskuchen)

Teig:
20 dag Honig
5 dag Butter
20 dag Zucker
60 dag Mehl
1/3 Glas Milch
1 gestrichener Tl Natron
1 P Lebkuchengewürz
1 Ei

Glasur:
1/2 Eiklar
2 El Staubzucker
1 Tl Zitronensaft

Honig mit Butter und Zucker erwärmen. Wenn der Zucker sich aufgelöst hat, die Honigmasse vom Feuer nehmen, etwas abkühlen lassen und das gesiebte Mehl, das in der Milch aufgelöste Natron, das Lebkuchengewürz sowie das Ei dazugeben und gut verrühren. Diese Masse über Nacht im Kühlschrank lassen, am nächsten Tag 3–4 mm dick auswalken, Formen ausstechen, auf ein gefettetes Blech legen und bei 175 Grad 25 Minuten lang backen.

Das halbe Eiklar mit Zucker und Zitronensaft zu einer dicken, glänzenden Masse schlagen und damit die Kekse dekorieren. Wenn die Glasur trocken ist, die Lebkuchen in eine Dose legen. Gleich nach dem Backen sind die Lebkuchen hart, sie werden erst nach ein paar Tagen mürbe und sind lange haltbar.

Die Lieblingsspeise von Elzbieta Schleichers Familie ist

Kutia

(Mohngericht)

1 Glas Weizenkörner
1 Glas Mohn
1/2 Glas Honig
1/2 Glas Rosinen
1/2 Glas geschälte Nüsse

Die Weizenkörner am besten über Nacht einweichen, weich kochen und abkühlen lassen. Den Mohn mit kochendem Wasser übergießen und stehen lassen, bis er aufquillt; dann das Wasser abgießen; nun den Mohn zwei Mal mahlen, flüssigen Honig, gewaschene und trockene Rosinen sowie gehackte Nüsse und Weizenkörner beimengen, länger verrühren und in die Schüssel geben. Zur Verfeinerung können auch andere getrocknete Früchte, zum Beispiel Marillen oder Zwetschken, oder auch Schlagobers beigemengt werden.

Gefüllter Lebkuchen

50 dag Honig
12 dag Butter oder Margarine
2 El Lebkuchengewürz
6 Eier
1 Glas Zucker
1 Glas Rahm (30 % Fettgehalt)
1 El Natron
1 kg Weizenmehl
24 dag gehackte Walnüsse
2 Gläser Powidl oder Marillenmarmelade

In den erwärmten flüssigen Honig die Butter oder Margarine und das Lebkuchengewürz einmengen. In einem Gefäß die Eier mit Zucker schlagen, dann den leicht abgekühlten Honig und den Rahm dazugeben und alles gut miteinander vermischen. Während des Mischens löffelweise das mit Natron vermengte Mehl beigeben und so lange verrühren, dass alles eine einheitliche

Konsistenz aufweist; zum Schluss die Nüsse dazugeben. Schmale längliche Backformen mit Fett bestreichen, mit Mehl bestreuen und bis 3/4 Backformhöhe mit Teig fühlen. Bei 170 Grad zirka 50 Minuten backen. Gebackene Lebkuchen etwas abkühlen lassen und aus den Formen nehmen. Die noch warmen Lebkuchen zwei Mal durchschneiden, sodass drei Schnitten entstehen, zwei Teile großzügig (1/2 cm) mit einer Schicht Powidl oder Marillenmarmelade bestreichen. Die drei Teile aufeinander legen und mit einem Holzbrett beschweren. Nachdem die Lebkuchenschichten gut aneinander kleben, kann man die Lebkuchen mit einer Schokolade- oder Zuckermasse glasieren.

Schlesischer Lebkuchen mit Marzipan

Teig:
50 dag Flüssighonig
70 dag Zucker
15 dag Butter
3 Eier
5 dag gemahlene Hasel- oder Walnüsse
1 P Lebkuchengewürz
1 Tasse aufgebrühter starker Kaffee
5 dag Kakao
je 1 Prise Muskatnuss und Kardamom
3 P Backpulver
1,5 kg Weizenmehl

Marzipanfülle:
30 dag Mandeln
30 dag Staubzucker
1 Stamperl Kognak oder Wodka
3 El Zitronensaft

Schokoladeglasur:
30 dag Staubzucker
5 dag Kakao
5 dag Butter
5 El heiße Milch

Himbeermarmelade oder Powidl

Marzipanmasse drei Tage vor dem Lebkuchenbacken vorbereiten: Mandeln mit heißem Wasser überbrühen, die Schalen entfernen, im leicht erwärmten Herd trocknen lassen, dann zwei Mal mahlen. Die gemahlenen Mandeln mit Zucker gründlich verrühren, Kognak und Zitronensaft beimengen. Die fertige Masse unter ständigem Umrühren erwärmen, bis sie sich vom Topfboden löst; dann in ein Stück Leinenstoff einwickeln und drei Tage ruhen lassen.

Teig: Honig, Zucker und Butter so lange verrühren, bis eine flüssige Masse entsteht. Dann die Eier einzeln und ohne auf das Umrühren zu vergessen dazugeben. Gemahlene Nüsse, Lebkuchengewürz, aufgebrühten Kaffee, Kakao, Muskatnuss und Kardamom vorsichtig beimengen. Zum mit dem Backpulver vermengten Mehl die flüssige Honigmasse dazumischen. Den Teig an einem kühlen Platz ein paar Stunden rasten lassen. Der Teig wird noch köstlicher, wenn er erst nach einer oder zwei Wochen weiterverarbeitet wird.

Den Teig in drei gleich große Stücke teilen und auf drei gleich großen Blechen dünn auswalken. Backzeit: 30 Minuten. Nachdem die Lebkuchen abgekühlt sind, zwei Lebkuchenstücke reichlich mit Himbeermarmelade oder Powidl bestreichen. Dann ein dünnes Blatt Marzipan in Blechgröße auswalken und obenauf legen. Die dritte Lebkuchenschicht dünn mit Himbeermarmelade bestreichen und mit der bestrichenen Seite direkt auf die Marzipanschicht legen. Den so entstandenen Lebkuchen mit einem Bogen Backpapier bedecken und mit einem Holzbrett beschweren. Am nächsten Tag den Lebkuchen in kleine Würfel schneiden und mit Schokolade glasieren.

Für die Schokoglasur Staubzucker, Kakao, Butter und heiße Milch so lange miteinander verrühren, bis eine homogene Masse entsteht; die Lebkuchenwürfel mit einem flachen Pinsel bestreichen.

Mohnkekse

50 dag Mehl
10 dag Honig
10 dag Zucker
10 dag Butter
10 dag Mohn
4 Eidotter
1 Prise Salz

Alle Zutaten miteinander vermischen, Masse dünn auswalken und mit Formen (Christbaum, Stern, Mond etc.) Kekse ausstechen; auf ein befettetes Blech legen und bei 180 Grad 15 bis 20 Minuten backen.

Gugelhupf aus dem östlichen Grenzland

20 dag Butter
20 dag Zucker
10 dag Buchweizenmehl
4 Eier
10 dag gehackte Mandeln
Zitronenglasur
Mandelstifte zum Bestreuen

Butter mit Zucker gründlich schlagen, nach und nach löffelweise Mehl und die Dotter beimengen. Zur fertigen Masse gehackte Mandeln dazugeben. Vorsichtig rührend steif geschlagenes Eiklar beimischen. Den Teig in die gefettete und bemehlte Backform geben, 30 Minuten backen. Noch in warmem Zustand mit Zitronenglasur überziehen und mit Mandelstiften bestreuen.

Feiner Lebkuchen mit Marzipan

50 dag Honig
25 dag Butter
1 kg Tortenmehl
3 Eier
3 gestrichene Tl Natron
1/2 Glas Milch
1/2 Tl Salz

3 El Lebkuchengewürz
5 Tl Orangeat
10 dag Walnüsse

Powidl
Marzipan
Mandeln und Orangeat zum Verzieren

Achtung: Der Teig soll einen Monat vor dem Backen vorbereitet und erst vier Tage vor dem Essen gebacken werden!

Honig und Butter zum leichten Kochen bringen, abkühlen lassen und mit einem hölzernen Löffel rühren. Gleichzeitig der Reihe nach Mehl, Eier, mit Natron vermengte Milch, Salz, Lebkuchengewürz und klein geschnittenes Orangeat beifügen. Aus dem sorgfältig verrührten Teig eine Kugel formen, in einen Steingut-Topf geben, mit einem Baumwolltuch bedecken und ungefähr vier Wochen lang an einem kühlen Ort stehen lassen. Teig vor dem Backen in drei Stücke teilen und in Blechgröße auswalken. Backtemperatur: 200 Grad. Nach dem Abkühlen mit Nussmasse, Powidl und Marzipan füllen, mit Backpapier bedecken und mit einem Holzbrett beschweren.

Am nächsten Tag kann der Lebkuchen glasiert und mit ganzen geschälten Mandeln und Orangeat verziert werden. Gleich nach dem Backen ist der Lebkuchen ziemlich hart. Erst nach drei bis vier Tagen ist er gut zu genießen.

Sernik

(Topfenkuchen)

10 Eier
2 Gläser Zucker
2 kg frischer halbfetter Topfen
4 El Kartoffelmehl oder Vanillepudding
1/4 kg Butter
1 Tl Backpulver
Mandelaroma
Schale einer Orange
Rosinen
gehackte Nüsse
gehackte Mandeln
getrocknete Marillen und Feigen
Semmelbrösel

Eier mit Zucker zu einer flaumigen Masse schlagen. Diese Masse mit dem glatten Topfen vermischen, in eine Schüssel geben und weiterrühren, während man Kartoffelmehl oder Pudding darunter mischt. Butter zergehen lassen und in abgekühltem Zustand zu der Masse geben. Dann Backpulver, Mandelaroma und Orangenschale unterziehen. Zum Schluss Rosinen, Nüsse, Mandeln, fein geschnittene Marillen und Feigen zu der Masse fügen. Eine große Tortenform mit Fett bestreichen, mit Semmelbröseln bestreuen und Masse einfüllen. Backzeit zirka eine Stunde bei 150 bis 170 Grad. Den fertig gebackenen Topfenkuchen kann man mit einer Schokolade- oder Zitronenglasur überziehen.

Meine Mutter, bei der ich backen gelernt habe, hat mich immer auf zwei Dinge aufmerksam gemacht.

Erstens: Beim Backen soll man sich Zeit lassen; Nervosität und Zeitmangel sind hier fehl am Platz. Zweitens: Nur vollständig mit der Hand verarbeitete Teige haben hohe Qualität. Ich muss immer daran denken, wenn ich einen polnischen Gugelhupf mache.

Was man ebenfalls nicht vergessen sollte: Auch der Teig braucht Zeit und Ruhe. Den besten Gugelhupf macht in unser Familie mein ältester Sohn, der sich an die Ratschläge seiner Großmutter hält.

Ich wollte reisen und Menschen kennen lernen

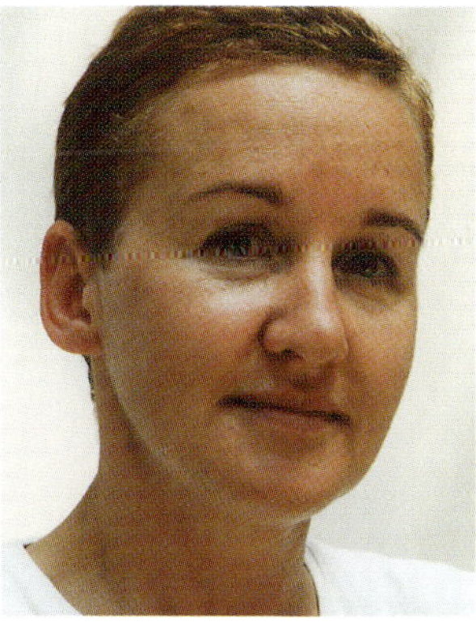

Ewa Fedorowicz kam 1981 aus Polen nach Österreich. Heute nützt ihr die Öffnung Europas vor allem beruflich.

„Im Westen riecht es anders, die Farben sind anders, alles ist bunt, es gibt Schuhe in verschiedenen Farben. In Polen sind alle Häuser grau und bei den Schuhen gibt es nur drei Farben." Ewa Fedorowicz erinnert sich an ihre ersten Eindrücke vom Westen. Als junge Studentin durfte sie mit einem Sommerpass ausreisen. Diesen Pass musste man am Ende der Ferien wieder zurückgeben, aber er öffnete die Welt. Nach Venedig und Kreta führte 1978 Ewas erste Reise. Mit 150 Dollar in der Tasche nächtigte man auf Campingplätzen und nahm das Lebensgefühl in sich auf. „Die Polen fühlen sich als Westeuropäer", sagt Ewa. Vor allem im Verhältnis zu den östlichen Nachbarn, besonders den Russen. In Ewas Familie war diese Positionierung in den Großeltern personifiziert: der Großvater Pole, die Großmutter Weißrussin. „Opa hat sich als Pole besser gefühlt und Oma hat saftig auf Russisch geschimpft." 1945 wurde die Familie, die zuvor in Russland gelebt hatte, nach Danzig repatriiert. Durch die Vertreibung der Deutschen waren Häuser frei geworden.

Ewa Fedorowicz arbeitet seit mehreren Jahren in Salzburg in einer Firma, die Multimedia-Produktionen mit Partnern aus Osteuropa erstellt und vertreibt. Sie führt das neue und das alte Europa zusammen. In den Köpfen der jungen, technikorientierten und gebildeten Menschen seien viele nationale Schranken Relikte vergangener Zeiten. Eine Geisteshaltung, die Ewa Fedorowicz entspricht. „Ich bewege mich sehr viel international und das ist unglaublich spannend."

Als junge Studentin der Jurisprudenz stellte sie sich vor, einmal Anwältin zu werden. „Ich wollte einen Beruf, wo ich frei bin. Als Anwältin musste man nicht der kommunistischen Partei beitreten. Der Beruf war für Frauen sehr attraktiv, aber nicht besonders gut bezahlt."

Doch als 1981 in Polen das Kriegsrecht verhängt wurde, sah Ewa ihre Chancen schwinden. „Es war absehbar, dass das nun auf mehrere Jahre bleiben würde. Polen würde wie ein Gefängnis sein, es ging das Gerücht, dass die Russen kommen würden. Wir hatten das Gefühl, keine Perspektive mehr zu haben." Kontakte zu Freunden in Wien gaben den letzten Anstoß: Ewa reiste noch im selben Jahr, am 16. Juli, sie erinnert sich genau, nach Österreich aus. Ein Jahr blieb die junge Frau in der Flüchtlingsbetreuung der Republik Österreich. „Ich habe in Österreich nie so etwas wie Fremdenfeindlichkeit erlebt." Manche ihrer Landsleute, meint sie, hätten Minderwertigkeitskomplexe gegenüber Westeuropäern. Im Zweifelsfall könnten die auch in Aggression umschlagen. „Ich finde, man muss sich auch in die Kultur des Gastlandes einfügen. Und außerdem sind sich Polen und Österreicher kulturell sehr ähnlich."

Bei einem Ausflug nach Wien lernte Ewa damals ihren späteren Mann, einen Österreicher, kennen. Sie heiratete, übersiedelte nach Salzburg, bekam zwei Söhne und studierte Pädagogik und Psychologie.

„Mit meinen Söhnen spreche ich Polnisch, ich lese auch auf Polnisch.“ Deutsch hatte sie schon in der Schule gelernt. „Die Sprache ist für mich sehr wichtig.“ Wie auch die Literatur. Die polnische Literatur wird langsam auch in Westeuropa bekannt. Olga Tokarczuk, Andrej Stasiuk, Manuela Gretkowska, Czeslaw Milosz, Witold Gombrowicz legt Ewa allen ans Herz, die sich in die polnische Dichtung einlesen wollen.

Die westliche Klischeevorstellung vom bäuerlich-katholischen Polen sei nicht falsch. „In Polen hat es ja nie eine Zwangskollektivierung gegeben. Viel Land blieb im Besitz von Kleinbauern, die zu wenig Kapital für Investitionen hatten. Und auch der Papst ist für uns wichtig, das hat uns immer stolz gemacht und ein Überlegenheitsgefühl gegenüber den anderen Ostblockländern gegeben.“

Die Verstrickung der Intellektuellen mit der Macht sei in Polen ähnlich wie in Österreich. „Viele haben sich der Macht angepasst.“ Adam Michnik und Jacek Kuron hätten unter dem Schirm der Kirche eine intellektuelle Opposition bilden können, auch wenn die Kirche als Andockstelle für Intellektuelle in Polen nie sonderlich attraktiv war. Viele jüdische polnische Intellektuelle waren zuletzt 1968 aus Polen vertrieben worden.

Die Einbindung in die Europäische Union wird für Polen positiv sein, ist Ewa überzeugt. Die Landwirtschaft werde wohl Probleme bekommen, aber ansonsten würden die Polen rasch aufschließen. „Viele versprechen sich viel von ihren wirtschaftlichen Kontakten mit Russland. Die slawischen Sprachen werden wieder vermehrt gelernt.“

Ewa will nicht mehr zurück nach Polen. Mit ihrer Familie, die von Polen bis Wladiwostok verstreut lebt, pflegt sie engen Kontakt, aber „leben könnte ich heute überall“.

Weihnachtsrezepte von Ewa Fedorowicz

„Wenn ich an Weihnachten in Polen denke, werde ich immer sentimental", sagt Ewa Fedorowicz. Da gab es den festlich weiß gedeckten Tisch, auf dem unter der Tischdecke etwas Stroh gebreitet war und ein leerer Teller für einen unerwarteten Gast gedeckt wurde. Zwölf Speisen wurden gekocht für den Heiligen Abend, für jeden der zwölf Apostel eine. Jüdischer Fisch und Karpfen, Heringe in Öl und Sauerrahm, eine Suppe aus getrockneten Pilzen und ein Kompott aus Trockenfrüchten, Mohnnudeln und ein Weizenbrei mit Rosinen – Ewa kann sie alle noch hersagen, auch wenn ihr Weihnachtstisch in Salzburg mittlerweile eher international bestückt ist. Und noch eine Erinnerung ist geblieben: „Im Dezember gab es in Polen immer Orangen zu kaufen, das war etwas Besonderes."

Bigos

(Polnischer Krauteintopf)

50 dag Sauerkraut
50 dag Zuckerkraut
2 dag getrocknete Pilze
20 dag Schweinsnacken, Rippe oder Lende
20 dag Kalbfleisch
20 dag geräucherte Wurst
15 dag Räucherspeck
5 dag Schmalz
1 Flasche Rotwein
5 dag Tomatenmark
4 Lorbeerblätter
Pimentkörner
Salz
Pfeffer
edelsüßer Paprika

Sauerkraut klein schneiden, mit heißem Wasser aufgießen und zugedeckt eine Stunde kochen. Zuckerkraut klein schneiden, mit heißem Wasser aufgießen und mit klein geschnittenen Pilzen eine Stunde kochen. Beide Krautsorten anschließend vermischen und unter Zugabe von etwas Wasser aufkochen. Fleisch, Wurst und Speck klein schneiden und mit Schmalz goldgelb anrösten. Danach Fleisch und Kraut vermischen und zugedeckt bei schwacher Hitze kochen. Ab und zu Flüssigkeit nachgießen (Wasser und

Wein). Die übrigen Gewürze zufügen und weitere zwei Stunden schmoren. Bigos schmeckt am besten, wenn er innerhalb von zwei Tagen immer wieder aufgekocht wird.
Als Beilage serviert man Kartoffeln oder Schwarzbrot.

Schokorauten mit Zimt

125 g Mehl
50 g Maizena
50 g Staubzucker
1 P Vanillezucker
2 Eiklar
125 g Bitterschokolade
1 El Kakao
1 Prise Zimt
125 g weiche Butter

Mehl und Maizena mischen, in die Mitte eine Vertiefung drücken, alle übrigen Zutaten hineingeben und zu einem Teig kneten.
Backofen auf 175 Grad vorheizen. Aus dem Teig kleine Kugerl formen, diese mit einer Gabel flach drücken und dann Rauten formen. Rauten auf ein gefettetes, bemehltes Backblech legen und zirka 15 Minuten backen.

Vanillekränzchen

2 Häferl Mehl
120 g Butter
1/2 Häferl Sauerrahm
2 g Germ
1 P Vanillezucker
1 Ei zum Bestreichen
Mohn oder Kristallzucker zum Dekorieren

Mehl mit Butter verbröseln, übrige Zutaten hinzufügen und zu einem glatten Teig kneten. Aus dem Teig 3 mm dicke Rollen formen und zu einem Kränzchen drehen. Diese mit Ei bestreichen und mit Mohn oder Kristallzucker bestreuen. Auf einem gefetteten, bemehlten Blech bei mittlerer Hitze backen, bis sie goldbraun sind.

Von Österreich nach Krakau kannst du zu Fuß gehen

Lidia Antonik reiste 1980 für drei Monate nach Österreich, um durch Gelegenheitsarbeiten ihr Budget aufzubessern. Heute sind sie, ihr Mann und ihr Sohn österreichische Staatsbürger und leben in Wien.

Es ist erstaunlich, wenn jemand mit einer wechselhaften Lebensgeschichte wie Lidia Antonik sagt: „Mich verfolgt das Glück." Die gebürtige Polin mit der rauchigen Stimme könnte man glatt für eine Dame des gehobenen Wiener Bürgertums halten, wenn man sie in der Schönbrunner Schlossstraße besucht. Ein schöner Jugendstilaltbau mit einer liebevoll renovierten und stilvoll eingerichteten Wohnung. „Diese Wohnung haben wir nur bekommen, weil die Mutter des früheren Besitzers Polin war. Sonst hat man hier keine Ausländer genommen." Ein Glück. Lidia Antonik beschreibt sich selbst als offen und kommunikativ. Sie gehe auf die Leute zu und versuche sich anzupassen. „Ich bin ja freiwillig hier in Österreich."

1980 war es, da wollte die junge Polin mit ihrem Mann für drei Monate im Sommer nach Österreich, um bei Grundig in ihrem angestammten Beruf als Computerspezialistin zu arbeiten und etwas Geld für Reisen und ähnlichen Luxus zu erwirtschaften. „Um daheim in Krakau den Pass zu bekommen, musste ich schwindeln und sagen, dass ich nach Jugoslawien reise. Dadurch bekam man einen Pass für ganz Europa; sonst hätte man nur in den Ostblock reisen dürfen." Aus dem Job bei Grundig wurde nichts, weil es für Polen keine Arbeitsbewilligungen gab. Lidias Mann verdingte sich als Maler und Lidia kam das Glück zu Hilfe. „Ich lernte eine Polin kennen, die nach Australien auswanderte. Deren Job als Stubenmädchen in einem Hotel habe ich übernommen." Zuvor lockte die Landsfrau Lidia noch, mit nach Australien zu kommen. „Aber mein Vater hat gesagt, das ist zu weit weg. Von Wien kannst du zu Fuß nach Krakau gehen, wenn du nur mehr zehn Schilling in der Tasche hast."

Aus den drei Sommermonaten in Österreich wuchs der Entschluss zu bleiben. Irgendwie funktionierte es immer, Aufenthaltsgenehmigung und Arbeit zu bekommen. War es Glück? Da gab es einen älteren Polen, der auf der Mariahilfer Straße ein Fischlokal betrieb und Lidia weiterhalf. Da gab es eine Freundin, mit der sie im Hotel Astoria vorstellig wurde. „Der Direktor hat uns gesehen, zwei junge, blonde Polinnen, und hat uns sofort als Stubenmädchen eingestellt." Danach gab es jemanden, der Kontakte zum ORF hatte. Lidia wurde in der Küche angestellt. „Aber ich war zum Kochen völlig untalentiert. Am ersten Tag stellte man mich vor 700 Schnitzel, die ich innerhalb von zwei Stunden panieren sollte. Dann versuchte man, mich beim Zwiebelschneiden einzusetzen. Das konnte ich überhaupt nicht. Am nächsten Tag sollte ich 2.000 Palatschinken backen. Vollkommen aussichtslos." Also servierte

Lidia den Herren des Unternehmens adrett gekleidet den Kaffee in die Sitzungszimmer und presste dem Generalintendanten – „Aber schnell, Frau Antonik" – in der Kantine einen kleinen Schwarzen. Nach einer Fehlgeburt war es mit diesem Job vorbei. Doch irgendwie, oder mit Glück, kannte Lidia wieder jemanden, der bei einem Partyservice arbeitete und sie anheuerte. Dort ergab es sich, dass der Direktor des „Instituts für die Wissenschaft vom Menschen" auf sie aufmerksam wurde und sie abwarb. Seit einigen Jahren ist sie nun in diesem internationalen Institut „Küchenchefin" und bekocht die Stipendiaten und Mitarbeiter der Einrichtung.

„Meine Mutter meint, ich bin zur Köchin degradiert worden", sagt Lidia und zündet sich eine Zigarette an. In der alten kommunistischen Gesellschaft Polens hatte Lidia einen respektablen Posten. Sie war in der Jugendorganisation einer großen Firma für Kultur- und Sportveranstaltungen zuständig. „Ich wollte nur etwas Farbe und Spaß in das Leben der jungen Menschen bringen." Gute Beziehungen habe sie auch damals gehabt, eine schöne Wohnung in Krakau, ein kleines Auto.

Lidias Mutter war im Stahlwerk Nowa Huta beschäftigt. „Sie war Kommunistin und sozial sehr engagiert." Die Familie ihrer Mutter stammte aus der litauischen Hauptstadt Vilnius. 1944 floh die Familie vor den Russen. Der große Grundbesitz des Großvaters war für immer verloren. Hat Lidia ihr selbstbewusstes Auftreten von ihrer ehemals großbürgerlichen Familie mitbekommen?

Einige Zeit verdingte sich Lidia in Wien auch als Hausdame und Bedienerin im Wiener Bürgertum. „Ich habe mich immer gebildet und viel gelesen, um mich mit den Menschen auf ihrem Niveau unterhalten zu können." Sie wurde fast wie eine Familienangehörige akzeptiert.

Von Land und Leuten in Polen hätten viele Österreicher allerdings eine erschreckend einfache Vorstellung gehabt, erinnert sie sich. „Manche haben mich gefragt, ob es in Polen denn auch Frisiersalons gebe. Andere wollten mir die Benützung eines Staubsaugers erklären, weil sie meinten, das würden wir nicht kennen." Lidia hat die Unwissenheit gelegentlich auf ihre Art pariert. Wenn sie gefragt wurde, woher sie käme, sagte sie: „Galizien." Viele hätten nicht gewusst, dass Krakau in Galizien liegt. „Ich wollte nicht als Bedienerin abgestempelt werden."

Manchmal ärgert Lidia, welches Bild österreichische Medien von ihrer Heimat zeichnen. „Da sieht man dann nur Bauern mit Pferdefuhrwerken fahren." Wer zeige, welch große Rolle zum Beispiel die Bildung in Polen spielt? „Die Polen sind ein kosmopolitisches Volk. Manchmal ist ihnen das Fremde sogar lieber als das Eigene."

Träume von einem besseren beruflichen Fortkommen in Österreich soll nun Lidias 20-jähriger Sohn Patrick erfüllen. Für sich sieht sie die großen Chancen geschwunden. „Wenn ich in Österreich eine Ausbildung gemacht hätte, hätte ich wahrscheinlich Karriere gemacht. Aber ich lebe nicht schlecht. Ich habe zwar keine Eigentumswohnung und kein Haus, was die meisten Polen anstreben. Dafür gehe ich regelmäßig ins Theater, in die Oper und gebe viel Geld für Bücher aus."

Das Kapitel Polen ist in ihrem Leben abgeschlossen. „Wenn man in der anderen Sprache zu denken beginnt, ist man dort zuhause. Das habe ich an mir gemerkt, als ich den Brief eines polnischen Onkels mir selbst beim Lesen ins Deutsche übersetzt habe."

Familie Antonik hat längst die österreichische Staatsbürgerschaft. „Aber es hat mir sehr weh getan, zugunsten der österreichischen die polnische Staatsbürgerschaft aufgeben zu müssen."

Nach ihrer ersten Ausreise aus Polen kehrte sie erst sieben Jahre später, 1987, erstmals wieder in die Heimat zurück. „Was man verlassen hat, daran erinnert man sich ja in den buntesten Farben." Die Wirklichkeit in Polen war allerdings trist, grau, kaputt. „Als wir bei der Rückkehr von Tschechien die österreichische Grenze überschritten haben, hatte ich das Gefühl wieder heimzukommen." Während sie das sagt, steigen Lidia Tränen in die Augen.

Kulinarisches aus Lidia Antoniks Heimat

Sekacz-Kuchen

Teig:
30 dag Butter
30 dag Staubzucker
12 Eier
7,5 dag gemahlene Mandeln
2 El Rum
25 dag glattes Mehl
15 dag Kartoffelmehl
1 El Vanillezucker

Zuckerguss:
25 dag Staubzucker
3 bis 4 El Wasser
Saft einer Zitrone

Butter mit Zucker schaumig schlagen und dann die Dotter einzeln einrühren. Mandeln, Rum, beide Sorten Mehl und Vanillezucker einmengen. Eiklar zu steifem Schnee schlagen und unterheben. Eine Springform fetten und mehlen, Backrohr auf 160 Grad vorheizen. 5 El der Teigmasse in der Springform gleichmäßig verteilen und fünf Minuten lang anbacken. Danach auf die angebackene Schicht eine neue Schicht aus 5 El Teig aufstreichen und wieder fünf Minuten anbacken. Die Prozedur wiederholen, bis die gesamte Teigmasse verbraucht ist. Anschließend den Kuchen in der Form auskühlen lassen.

Aus Staubzucker, Wasser und Zitronensaft eine Glasur verrühren, bis die Masse milchig-weiß ist. Den Kuchen mit dem Zuckerguss verzieren und am besten erst nach zwei Tagen Ruhezeit servieren.

Russische Piroggen

(Russische Kasnudeln)

Teig:
30 dag glattes Mehl
125 ml lauwarmes Wasser
1 Prise Salz
1 Ei

Fülle:
60 dag gekochte, geschälte Kartoffeln
1 Zwiebel
1 El Butter
25 dag Speisetopfen
Salz
1 Tl Pfeffer

zerlassene Butter
200 ml Sauerrahm

Gekochte Kartoffeln stampfen. Zwiebel klein schneiden und goldbraun in etwas Butter anbraten. Topfen mit Salz, Pfeffer, den Kartoffeln und den Zwiebeln gut vermischen.

Aus Mehl, Wasser, Salz und dem Ei einen geschmeidigen Teig kneten. Den Teig in vier gleich große Teile teilen; diese nacheinander flach auswalken und zirka 6 cm große Kreise ausstechen (mit einem Becher oder Glas). Etwas Fülle auf eine Kreishälfte legen und den Teig zu einem Halbkreis zusammenklappen. Achtung: Die Ränder müssen gut zusammengedrückt und verklebt sein, damit sich die Piroggen beim Kochen nicht öffnen.

In einem großen Topf gesalzenes Wasser zum Kochen bringen und die Piroggen einzeln einlegen; sie dürfen nicht miteinander verkleben. Sobald die Teigtaschen auf der Wasseroberfläche schwimmen, die Hitze zurücknehmen und die Piroggen noch zwei Minuten ziehen lassen.

Auf einer Platte anrichten, mit zerlassener Butter übergießen und mit Sauerrahm servieren.

Mürbe Krakauer Torte

Teig:
25 dag glattes Mehl
10 dag Staubzucker
17 dag Butter
4 Dotter
10 dag gemahlene Mandeln
1 El Vanillezucker

Fülle:
4 Eiklar
20 dag dicke Marillenmarmelade
10 dag Staubzucker

Zuckerguss:
10 dag Staubzucker
10 dag passierte Marillenmarmelade
1 El Zitronensaft

Mandeln für die Dekoration

Mehl mit Zucker und Butter verbröseln und mit Dottern, Mandeln und Vanillezucker zu einem Teig kneten. Den Teig zwei Stunden kalt stellen. Die Masse anschließend in fünf gleiche Teile teilen, der Reihe nach in der Größe einer Springform flach auswalken und bei 200 Grad im vorgeheizten Rohr backen. Die fertigen Böden erst ausgekühlt aus der Form nehmen, da sie sonst leicht zerbrechen.

Eiklar mit 1 El Staubzucker cremig aufschlagen, Marmelade und restlichen Zucker dazugeben und im Wasserbad weiterschlagen, bis sich eine dickflüssige Masse bildet. Die einzelnen Tortenböden mit dieser Masse bestreichen und aufeinander legen.

Den Zuckerguss aus den angeführten Zutaten verrühren und über die Torte streichen. Mit Mandeln dekorieren.

Die Torte am besten vor dem Servieren einen Tag kühl und trocken ziehen lassen.

Heimat Tschechien

Sie sehen, wir hatten kein einfaches Leben

Anna Bicková, Jahrgang 1931, lebt in Südböhmen, nahe der österreichischen Grenze. Ihre Enkelin Eva Tomrlova studiert Deutsch. Annas Familie bekam die politischen Umbrüche des 20. Jahrhunderts hautnah zu spüren.

Annas Geschichte würde hier nicht erzählt ohne ihre Enkelin Eva. Die ist gemeinsam mit ihren Eltern und ihren Geschwistern seit 1992 durch eine Brieffreundschaft mit Familie Poimer aus Hellmonsödt bei Linz verbunden. Eva ist 25, studiert Deutsch und Latein in Olmütz und pflegt den Kontakt nach Österreich auch der Sprache wegen. Dass ihre Oma Deutsch spricht, hat sie lange nicht gewusst. „Ich sah bei ihr nur immer Burda-Hefte liegen." „Die hat mir meine Kusine aus Deutschland geschickt", lacht Anna.

Deutsch hat Anna als Kind gelernt. Sie wuchs im Dorf Malice auf, das überwiegend von deutschen Familien besiedelt war, die drei tschechischen Familien waren eine Minderheit. Als 1938 Hitlerdeutschland die Tschechoslowakei annektierte, wurden Dörfer mit überwiegend deutscher Bevölkerung dem Deutschen Reich eingegliedert. Fortan wurde in Annas Schule nur mehr Deutsch unterrichtet. Aber nicht nur das. Die deutschen Mitschüler, siebenjährige Kinder, schmissen mit Steinen auf die tschechischen Kinder, beschimpften sie als „Sauböhm". „Das war ein schreckliches Erlebnis", erinnert sich Anna. Ihre couragierte tschechische Großmutter, die kein Wort Deutsch sprach, ging daraufhin zum jungen deutschen Lehrer und machte ihm irgendwie klar, was sie so empörte. „Am nächsten Tag hat der Lehrer gesagt, wenn das noch einmal passiert, dann straft er. Darauf ist es schon besser geworden."

Vor allem zu Beginn des Krieges seien Redner in den Dörfern unterwegs gewesen, die die Leute aufgehetzt hätten. „Der Nationalismus hat den Hass gebracht. Vorher war eine gute Kameradschaft zwischen Tschechen und Deutschen. Mein Großvater und mein Vater waren Zimmerleute und haben viel in Österreich gearbeitet."

Während des Krieges arbeitete Annas Vater beim Bau eines Wasserkraftwerkes in Steyr. Nahezu täglich sah er die Häftlinge des KZs Mauthausen, die im Winter barfuß und halb verhungert schwere Arbeiten am Kraftwerk verrichten mussten. „Er hat uns davon erzählt", sagt Anna. Nach dem Umbruch 1989 hat sie das KZ Mauthausen besucht.

In der deutschen Hauptschule lernte Anna Englisch. „Man hat uns gesagt, dass nach dem Krieg Deutschland auch England beherrschen werde, deswegen brauchen wir diese Sprache." Doch es wurde ganz anders. Nach den Deutschen kam das von Russland dominierte kommunistische System. Nun wurde in den Schulen Russisch als zweite Sprache unterrichtet. „Man hat den Kindern gesagt, dass der Sozialismus das System der Zukunft ist und überall kommen wird und dass der Kapitalismus dem Untergang geweiht ist."

Nach dem Krieg lernte Anna Verkäuferin und arbeitete in Krumau. „Als sich dort herumgesprochen hat, dass ich Deutsch kann, sind viele Deutsche zu uns einkaufen gekommen. Das waren vor allem solche, die aus antifaschistischen Gründen in der Tschechoslowakei geblieben waren."

Schließlich heiratete sie einen Bauern. Josef Bitzek machte Anna, der tschechischen Grammatik folgend, zur Bicková. Kurze Zeit standen Kühemelken und Erdäpfelklauben auf Annas Tagesplan. Bis die Kommunisten begannen, die Bauern zu enteignen. Fortan mussten Anna und ihr Mann sich als Kolchosarbeiter verdingen. Sie hatten ihren ganzen Besitz verloren. „Nach dem fünften Kind bin ich als Forstarbeiterin beschäftigt gewesen, bis zur Pensionierung."

Ihr Mann wechselte von der schlechter bezahlten Kolchosarbeit in eine Fabrik für Flugzeugteile. Nur mit dem besseren Gehalt und den Vergünstigungen, die an die Zugehörigkeit zu einem Betrieb gebunden waren, konnten Anna und ihr Mann ihre fünf Kinder studieren lassen. Ein Sohn wurde Maschinenbauingenieur, einer Landwirtschaftsingenieur, einer Tierarzt, eine Tochter Kinderkrankenschwester und eine Laborantin. „Sie haben sehr gut gelernt, deswegen konnten sie studieren, auch wenn die Familie durch ihre Gläubigkeit den Behörden verdächtig war." All die Jahre blieb Familie Bitzek der katholischen Kirche treu, erzog die Kinder religiös und hielt sie zum Kirchengehen an. Wurde Anna als „Sauböhm" verspottet, erlebte ihre Enkelin Eva den Spott der Mitschüler, weil sie in die Kirche ging. „Das hat manchmal schon sehr geschmerzt."

In all den politischen Bedrängungen bot die Familie den wichtigsten Zusammenhalt. „Es war schon oft sehr schwer." Heute lacht Anna Bicková, wenn sie das sagt. „Vor allem die erste Zeit im Kommunismus war schwer." Über die Vergemeinschaftung der Landwirtschaften hätten sich vor allem jene gefreut, deren Betrieb ohnehin nicht so gut ging. „Immerhin hatten wir dann aber Urlaub und Anspruch auf Erholung, das war schon besser."

Kommt die Rede auf die Beneš-Dekrete, die die Vertreibung und Enteignung der deutschen Bevölkerung des Sudetenlandes festgeschrieben haben, würde sich Anna am liebsten nicht äußern. „Das ist sehr schwierig. Wir hatten unter den Nazis viel zu leiden." Ihre Familie sei traurig gewesen, als die Deutschen weg mussten. Ihr Vater habe vielen geholfen ihre Güter in die Sammellager zu bringen, damit sie nicht geplündert wurden.

In den leer stehenden Häusern der Deutschen wurden nach 1945 Tschechen angesiedelt, die ihrerseits aus anderen Ländern repatriiert wurden. Tschechen aus Galizien, aus Rumänien und Ungarn, die ganz andere Lebensgewohnheiten hatten. „Das war am Anfang nicht leicht."

Wohl fürchtet man in Tschechien Restitutionsansprüche der Vertriebenen. Das ist aber nicht das einzige Problem. Auch die Aufarbeitung der unmittelbaren kommunistischen Vergangenheit und der damit verbundenen Enteignungen steht noch an. „Es ist noch immer die alte kommunistische Führungsschicht an der Macht", erzählt Anna. „Erst wenn diese Generation gestorben ist, wird man über die kommunistischen Verbrechen offen reden können."

Annas ältester Sohn hat vom tschechischen Staat die enteignete Landwirtschaft des Vaters zurückbekommen. Mit 18 Hektar Grund und einem modernen Viehstall versucht er EU-konform zu werden. Auch Enkelin Eva sieht für sich in der EU neue Chancen. Als der Eiserne Vorhang fiel, war sie elf Jahre alt.

„Durchgebunden" seien die Beziehungen zwischen Österreich und Böhmen vor dem Zweiten Weltkrieg gewesen, drückt Anna es aus. Vielleicht leisten ihre Enkel einen Beitrag, dass die Beziehungen wieder einmal ähnlich verwoben werden.

Aus Anna Bickovás Mehlspeisküche

Schneller Gugelhupf

4 Eier
1 Prise Salz
10 gehäufte El feiner Kristallzucker
10 El heißes Wasser
10 El Öl
10 gehäufte El glattes Mehl
1 P Backpulver
2 El Kakaopulver

Eiklar mit Salz zu festem Schnee schlagen. Dotter mit Zucker und heißem Wasser zu einem dicken Schaum aufschlagen, dann langsam das Öl und die Hälfte des Mehls einrühren. Zum Schluss den Schnee und das übrige Mehl mit dem Backpulver einmengen und alles glatt rühren. In eine gefettete, mit Bröseln bestreute Gugelhupfform zwei Drittel des Teigs füllen. Das restliche Drittel mit Kakao verrühren und über die helle Teigmasse geben. Im vorgeheizten Rohr bei 200 Grad 15 Minuten backen und dann weitere 30 Minuten bei reduzierter Temperatur.

Dreifarbige Topfenschnitten

Teig:
30 dag Mehl
10 dag Butter
10 dag Staubzucker
1 Ei
4 El Wasser
1 El Kakaopulver
1/2 P Backpulver

Fülle:
5 dag Butter
Staubzucker nach Geschmack
1 P Vanillezucker
2 Eier
75 dag Topfen

Belag:
2 Eier
20 dag Staubzucker
20 dag Mehl
1 dl Öl
5 El Wasser
1/2 P Backpulver

Aus den Zutaten einen geschmeidigen Teig kneten, auswalken und auf ein gefettetes, bemehltes Backblech breiten.

Für die Topfenfülle Butter, Zucker und Vanillezucker gut schaumig rühren, die Eier und abschließend den Topfen einrühren. Die Masse auf das Teigblatt streichen. Für den Belag einen Rührteig aus allen Zutaten zubereiten, über der Topfenfülle glatt streichen. Bei zirka 180 Grad backen. Ausgekühlt in Schnitten schneiden und eventuell mit Schokolade überziehen oder anzuckern.

Walnüsse

Teig:
60 dag Mehl
30 dag Butter
20 dag Zucker
25 dag geriebene Walnüsse
1 Ei

Fülle:
20 dag Butter
12 dag Staubzucker
Biskuitbrösel
geriebene Walnüsse
Rum nach Geschmack

Einen glatten Teig kneten und in Walnussformen füllen. In der Mitte der Nüsse Platz für die Fülle lassen. Den Teig backen. Für die Fülle alle Zutaten abrühren, je zwei ausgekühlte Walnüsse damit füllen und zusammensetzen. Mit Staubzucker bestäuben.

Heute ist meine Heimat Mitteleuropa

Mag. Dagmar Kunert kam 1986 aus der Tschechoslowakei nach Österreich. Sie arbeitet in der Kulturabteilung des Landes Niederösterreich und bemüht sich besonders um gute tschechisch-österreichische Kontakte.

„Als ich nach Österreich gekommen bin, habe ich schnell gemerkt, dass hier keiner auf mich gewartet hat." Dagmar Kunert war Anfang 20, als sie 1986 einen Österreicher heiratete, den sie beim Urlauben in Ungarn kennen gelernt hatte. Ihre tschechische Matura und die berufliche Ausbildung im Bereich des Tourismus waren in Österreich wertlos. „Das hat mich schon deprimiert. Aber ich bin eine Kämpferin. Ich wollte in Österreich den Status erreichen, dass ich wegen meiner beruflichen und persönlichen Qualitäten wahrgenommen werde, unabhängig von meiner Herkunft oder meiner Sprache." Dagmar studierte Übersetzerin und Dolmetscherin und bekam einen Posten in der Kulturabteilung des Landes Niederösterreich. Da ist sie mit der Organisation von Ausstellungen beschäftigt. Tschechische Kulturkontakte spielen dabei oft eine große Rolle. „Gerade in der Kultur merkt man, wie viele gemeinsame Wurzeln und wie viel gemeinsame Geschichte Tschechien und Österreich haben." Manche Volkslieder hätten sogar identische Melodien und nur andere Texte.

Dennoch, bemerkt Dagmar Kunert, ist die tschechisch-österreichische Liebe seit dem Fall des Eisernen Vorhangs nicht so recht gediehen. „Die Österreicher hatten bei den Tschechen bedingt durch die gemeinsame Geschichte einen großen Bonus." Den hätten sie aber durch ihre Haltung in Sachen Atomkraftwerk Temelin und Beneš-Dekrete eingebüßt. „Viele Tschechen finden es arrogant, dass Österreich sich in tschechische Angelegenheiten einmischt." Aber auch auf Seiten der Österreicher ortet Dagmar Kunert gemischte Gefühle. „Die gemeinsame Geschichte ist für die Österreicher etwas Verbindendes, das aber negativ wie positiv interpretiert werden kann." Der tschechische Botschafter in Österreich, Jiri Krusa, fasst das für Dagmar Kunert treffend in den Satz: „Das Einzige, was uns trennt, ist die gemeinsame Mentalität."

Aufgewachsen ist Dagmar Kunert, deren Mädchenname Blaha richtig wienerisch klingt, in der Nähe von Budweis in Südböhmen. Der Radiosender Ö3 war den jungen Tschechen geläufig. Ansonsten waren die Vorstellungen vom Westen recht vage, aber tendenziell positiv. „Wir haben vom westlichen System geträumt, wir hatten unheimlich viel Sympathie dafür. Wir haben geträumt von freier Meinungsäußerung, von persönlicher Freiheit, von Auslandsreisen, von Entscheidungsfreiheit, von beruflichen Möglichkeiten und internationalen Tätigkeiten." In den Medien, in der Schule, in der Öffentlichkeit habe man das Bild des antiimperialistischen kommunistischen Zukunftslandes hochgehalten. „Aber daran geglaubt haben nur wenige überzeugte Kommunisten. Viele Karrieristen haben das System einfach nur für sich genützt."

Als Dagmar Kunert 1986 nach Österreich kam, hätte sie sich den Empfang vielleicht etwas freundlicher vorgestellt. „Ich war nicht gefasst auf die Ressentiments vieler Österreicher gegen die Tschechen." Heute hofft sie, dass die besonnenen Stimmen im Dialog der beiden Staaten wieder die Oberhand gewinnen. Dann sei die Chance gegeben, dass der gemeinsame Kulturraum für beide Seiten fruchtbar wird. „Gerade über die Kultur und den persönlichen Austausch kann das sehr gut funktionieren."

Seit einigen Jahren hat Dagmar Kunert, die in zweiter Ehe mit einem Wiener verheiratet ist, in Tschechien, nahe der niederösterreichischen Stadt Gmünd, ein Feriendomizil. Dort trifft sie sich mit ihrer tschechischen Familie, auf halber Strecke zwischen Wien und Budweis. In ihrem Leben sind die Übergänge zwischen Tschechien und Österreich fließend geworden. Manchmal kann sie gar nicht mehr sagen, in welcher Sprache sie gerade denkt. „Wenn ich in der Straßenbahn ein Gespräch höre, fällt es mir manchmal erst im Nachhinein auf, dass Tschechisch gesprochen wurde." Wenn es ums Essen geht, mag Dagmar Kunert die innovative Wiener Küche. Vielleicht hat der eine oder andere österreichische Koch sein Wissen ja noch von der berühmten böhmischen Großmutter.

Ein typisch böhmisches Rezept

Skubanky

1 kg Kartoffeln
1 dag Salz
15 dag griffiges Mehl
10 dag Schmalz
Mohn und Zucker

Geschälte Kartoffeln in Salzwasser weich kochen, Wasser in eine Tasse abseihen, Kartoffeln fein zerstampfen. Mit dem Griff des Kartoffelstampfers werden in die Masse einige Löcher bis zum Boden des Topfes gemacht. In diese Löcher kommt das Mehl. Darüber kommt die Hälfte des abgeseihten Wassers. Den Topf zudecken und 20 Minuten an einer warmen Stelle stehen lassen, bis das Mehl das Wasser aufgenommen hat. Das überschüssige Wasser abgießen. Die Masse mit einem Kochlöffel zu einem glatten Teig verarbeiten, nach Geschmack nachsalzen. Mit einem Löffel, der in zerlassenes Schmalz getaucht wird, Nockerl ausstechen, diese mit Mohnzucker bestreuen und mit Schmalz übergießen.

Den restlichen Teig hat Dagmars Großmutter am nächsten Tag in einer Pfanne ausgebacken und mit Buttermilch als passendem Getränk gegessen.

Die Österreicher sind wie wir

**Vera Frydrysek, Jahrgang 1946, stammt aus Brünn, Tschechien.
Sie lebt mit ihrem Mann Jiri seit 1970 in Österreich.**

„Mich hat das politische System in der Tschechoslowakei nicht gestört", erzählt Vera Frydrysek freimütig. Ihre Eltern waren Mitglieder der kommunistischen Partei, Vera hatte nach der Schule einen guten Beruf als Laborantin im Brünner Krankenhaus. Es war die Liebe, die Vera nach Österreich gezogen hat. Die Liebe zu einem Tschechen. Jiri Frydrysek hatte sich Anfang 1969 bei einem Besuch bei seinen Tanten, die in Wels verheiratet waren, abgesetzt. Seine Eltern waren in Tschechien nicht in der Partei gewesen. So konnte Jiri nicht studieren, sondern musste Mechaniker lernen. Nach dem Ende des Prager Frühlings 1968 sah er für sich keine Zukunft in der Tschechoslowakei.

Ab Mai 1969 waren private Reisen aus der Tschechoslowakei nach Österreich nicht mehr erlaubt. Also musste Vera einen anderen Weg finden, um zu ihrem Freund Jiri zu kommen. „Ich war immer sehr sportlich und habe bei vielen Leichtathletik-Wettbewerben mitgemacht. Aber es war auch schwierig mit einem Sportklub ins Ausland zu reisen.“ Jede und jeder, die mitwollten, wurden auf Herz und Nieren auf ihre Treue zum Staat und zur Partei geprüft. Weder Vera noch ihre Familie waren den Behörden je unangenehm aufgefallen, Veras Dienstgeber bescheinigte ihr nur bestes Verhalten und so durfte sie nach drei Anläufen endlich nach Österreich zu einer Wettkampfreise aufbrechen. „Von Jiri hat natürlich niemand etwas gewusst, sonst hätte ich nicht mitfahren dürfen.“ Ein bisschen gelogen habe sie damals auch, gesteht Vera. Nur ihr Maturazeugnis und 2.000 Schilling, versteckt im Futter ihrer Tasche, nahm sie mit. An der Grenze zu Österreich wurde die Gruppe nochmals strengstens „bis auf die Unterwäsche“ kontrolliert. Fünf Mitreisende wurden zurückexpediert, weil bei ihnen fremdes Geld oder Adressen im Ausland gefunden wurden.

„Wir sind mit rund 50 Leuten in Österreich eingereist. Zurück nach Brünn kam der Bus nach einer Woche nur mehr mit vier Leuten.“ Auf jeder Station der Österreich-Reise schrumpfte die Gruppe wieder um ein paar Sportler, die die Gelegenheit nutzten, ihrer Heimat den Rücken zu kehren.

Vera war bei den zehn Letzten, die in Wien noch Station machten, ehe die Gruppe zurück nach Brünn fuhr. Am vorletzten Abend entschuldigte sich Vera mit Kopfschmerzen und wollte am Zimmer bleiben. Dort hat sie dann gepackt und gewartet, bis Jiri sie abholte.

20 Jahre hat sie danach die Heimat nicht mehr gesehen und ihre Angehörigen nur sporadisch. Die Ausreise aus der Tschechoslowakei war immer nur einzelnen Familienmitgliedern gestattet. Post „nach draußen“, wie Vera die Richtung be-

schreibt, in der Brünn für sie liegt, war oft mit Medikamentenlieferungen für die gallenkranke Mutter verbunden.

Seit die Grenze geöffnet ist, fahren Vera und Jiri die gut 3 1/2 Stunden lange Strecke von Gallspach in Oberösterreich nach Brünn sehr oft. Jiri hat in der Nähe von Brünn ein Wochenendhaus gekauft. Es soll einmal dem Neffen Mojmir gehören. Daheim haben die Frydryseks auch ein Haus. „Mein Mann wollte unbedingt was Eigenes haben. Sicher ist es schön, aber ich bin mit der Wohnung auch immer zufrieden gewesen." Vera hat in Österreich nach der Flucht rasch Fuß gefasst. Bis zu ihrer Pensionierung im Jahr 2000 hat sie bei verschiedenen Ärzten als Sprechstundenhilfe gearbeitet. Deutsch konnte sie vom Schulunterricht. Ihre Liebe zum Sport und zur Gymnastik machte ihr das Knüpfen von Kontakten in den heimischen Vereinen leicht. „Die Politik haben wir aus den Gesprächen immer ausgespart. So habe ich auch nie etwas Abfälliges über die Tschechen gehört."

Ob sie noch einmal zurück will in die frühere Heimat? „Ich fühle mich schon mehr als Österreicherin, weil ich schon so lange da bin." Das Ehepaar hat beide Staatsbürgerschaften. An den Verwandten in Tschechien sieht Vera, dass das Leben seit dem Ende des Kommunismus nicht einfacher geworden ist. „Die Jungen müssen beide arbeiten, damit sie sich ihren Lebensunterhalt leisten können. Die Pensionisten müssen sich sehr einschränken, weil sie nur wenig Pension bekommen, die Preise aber sehr gestiegen sind." Menschen wie Veras Mutter, die viele Jahre im und mit dem Regime gelebt haben, seien schockiert gewesen über die Wende.

Doch ehe sie sich den Kopf über politische Dinge zergrübelt, geht Vera Frydrysek lieber wandern oder turnen.

Rezepte aus der Brünner Heimat von Vera Frydrysek

„Die tschechische Küche ist ja so furchtbar viel Arbeit", seufzt Vera Frydrysek. Dennoch: Zu Weihnachten muss es bei ihr Fisch und Stollen sein, selbst wenn Ehemann Jiri hartnäckig verweigert und Wiener Schnitzel als Festessen ordert.

Veras Fischsuppe

Für einen Liter Fischsuppe werden drei bis vier Fischköpfe (Karpfen) mit einigen Karotten und einer ganzen Sellerieknolle, etwas klein gehackter Zwiebel und zerkleinertem Knoblauch in Fett angebraten und mit einem Liter Wasser aufgegossen. Mit einem Gemüsebrühwürfel verfeinern, eventuell ein paar Spritzer Sojasoße einrühren. Köcheln, bis das Gemüse weich ist. Die Fischköpfe anschließend herausfischen, das Gemüse pürieren.

Als Einlage weiche Grießnockerl: Ein Ei schaumig schlagen, wenig flüssige Butter, 3 bis 4 Esslöffel feinen Grieß, Salz, eine Prise Muskatnuss und etwas Petersilie einrühren. Kurz ziehen lassen. Die Masse sollte etwas flüssiger sein als für gängige Grießnockerl. Die Grießmasse in die kochende Suppe eintropfen und ziehen lassen.

Böhmische Kolatschen

Teig:
1 Ei
2 Eidotter
1 El Butter
30 dag feiner Rohzucker
Zitronensaft und -schale
Rum
1/8 l Milch
3 bis 4 El Zucker
1 P Germ
50 dag Mehl (Dinkel- oder Weizenvollkorn)
etwas Salz

Ei und Dotter in einer Schüssel mit flüssiger Butter und Rohzucker verrühren, mit Rum, Zitronenschale und -saft aromatisieren und feinschaumig rühren.

Die Milch etwas wärmen, Zucker und Germ einrühren und an einer warmen Stelle zugedeckt etwas gehen lassen. Die schaumig gerührte Masse mit dem Dampfl vermischen. Das Mehl einsieben und mit einem Kochlöffel zirka eine halbe Stunde schlagen, bis der Teig nicht mehr klebt. Zudecken und auf das doppelte Volumen gehen lassen.

Dieser feine Germteig kann für Kolatschen, aber auch für Buchteln verwendet werden. Mit Vollkornmehl bleibt das Gebäck länger saftig. Es funktioniert aber auch mit Auszugsmehl.

Den feinen Germteig auf eine bemehlte Fläche geben. Jeweils einen Esslöffel Teig nehmen, etwas auseinander ziehen, einen Kaffeelöffel Fülle (nach Belieben, siehe unten stehende Rezepte) darauf geben, wie bei einem Knödel den Teig über der Fülle schließen, umdrehen und mit der zugemachten Seite nach unten auf das gefettete, bemehlte Blech setzen.

Mit einem Ei von oben eine Vertiefung in den Teigballen drücken, dort hinein zirka 1 El Powidl füllen und mit Streusel belegen. Von einem Eiklar einen nicht zu festen Schnee schlagen und damit die Kolatschen seitlich bestreichen (damit sie glänzen).

Die Kolatschen bei 160 Grad Heißluft (bei Ober- und Unterhitze zirka 180 Grad) zirka 30 Minuten backen.

Topfenfülle:
25 dag Topfen,
20 % Fett
etwas Butter
10 dag Zucker
1 P Vanillezucker
Zitronenschale
1 Hand voll Rosinen
1 Schuss Rum

Alle Zutaten gut vermischen und stehen lassen, damit die Masse anzieht. Wer mag, kann auch ein Ei einrühren.

Mohnfülle:
1/2 Schale geriebener Mohn
1/4 l Milch
2–3 El Zucker
1 P Vanillezucker
Zimt
Zitronen- oder Orangenschale
1/2 Schale Biskottenbrösel

Mohn mit Milch aufkochen, Zucker dazurühren. Wenn die Masse fest wird, den Topf vom Feuer nehmen. Mit Vanillezucker, Zimt, Zitronenschale und Biskottenbröseln vermischen.

Man kann die Masse auch mit einem Eidotter verfeinern (erst in die abgekühlte Masse einrühren) und mit dem Schnee von einem Eiklar. Nach Geschmack können auch Rosinen eingerührt werden.

Nussfülle:
2 El Zucker
1 P Vanillezucker
2 El Wasser
10 dag gemahlene Walnüsse
3 El Milch
Zitronenschale
1/2 El Rum
2 El Semmelbrösel

Zucker und Vanillezucker mit Wasser abrühren, erhitzen, die Nüsse einmengen, Milch dazurühren und vom Feuer ziehen. Zitronenschale, Rum, Semmelbrösel einrühren und auskühlen lassen.

Streusel:

Ein walnussgroßes Stück Butter mit einer Hand voll Mehl verkneten, eine halbe Hand voll Zucker, etwas Vanillezucker, etwas Zimt einkneten. Der Streusel wird wie Brösel über das Gebäck gerieben.

Schnee-Nuss-Kipferl

14 dag Mandeln
1 El Staubzucker
3 Eiklar
12 dag Feinkristallzucker
1 P Vanillezucker

Mandeln grob reiben, Staubzucker dazugeben, bei geringer Hitze in einer Pfanne etwas anrösten, abkühlen lassen. Aus den Klar einen festen Schnee schlagen, Zucker und Vanillezucker einrühren.

Die gerösteten Mandeln in Streifenform auf ein Brett geben. Den Schnee löffelweise abstechen und in den Mandeln wälzen. Mit einem Löfferl kleine Kipferl formen. Auf einem befetteten Blech bei geringer Hitze backen. Wenn die Kipferl aufgehen, die Hitze reduzieren und die Kipferl trocknen lassen.

Meine Heimat reicht von Strakonice bis Linz-Urfahr

Petr Koudelka, Jahrgang 1972, geboren in Vodnani, Tschechien. Er ist verheiratet mit einer Österreicherin, Vater von zwei Kindern und lebt seit 1994 in Bad Leonfelden, Oberösterreich.

„Ich bin ein österreichischer Tscheche", sagt Petr Koudelka und es scheint, dass er dabei verschmitzt lächelt. Die Zuschreibungen von Völkern und Nationen hinterfragt er lieber: „Es bringt doch nichts, die eigene Kultur für die bessere zu halten. Vielleicht wollen die Leute sich ja nur von den anderen abgrenzen, um sich besser zu fühlen?"

Mehr als jede Nation interessierte Petr 1990, er hatte eben maturiert, das neue, freie Leben. „Wir haben gedacht, nun steht uns die Welt offen." Ein halbes Jahr hat Petr Englisch studiert. Dann meinte er, vom kommenden Wirtschaftswunder als Berufstätiger schneller profitieren zu können. Doch Wunder ereignen sich selten geplant. „Im Westen fand man leider nur als Schwarzarbeiter einen Job."

Petr fand eine Anstellung im neu errichteten Schiele-Museum in Krumau. Kultur interessierte ihn. „Ich habe in meinem Heimatort bei einer Band gespielt, uns hat vor allem die Punk-Musik interessiert." Für die Eltern dürfte das Interesse des Sohnes weniger erfreulich gewesen sein. „Mein Vater war Bauingenieur. Als Mitläufer hatte er es in der Partei bis zur Bezirksebene geschafft." Petr hörte „Radio Free Europe" und „Voice of America", auch wenn es verboten war.

Nach der Öffnung der Grenzen besuchte Petr mit seinen Freunden öfter ein Mädchen aus ihrer Clique, das in Zwettl an der Rodl als Kellnerin arbeitete.

So lernte Petr seine spätere Frau, eine Österreicherin, kennen. Die Konversation funktionierte auf Englisch ganz gut. Deutsch hatte Petr in der Schule zwar gelernt, aber gehasst. „Diese Sprache klang einfach furchtbar. Unser Deutschlehrer war ein Sachse aus der DDR." Von seiner Mühlviertler Freundin schlich sich ein ganz anderer Tonfall in sein Ohr. „Das klang für mich gar nicht wie Deutsch, eher melodiös wie eine slawische Sprache." Also hörte Petr, hörte genau, versuchte zu reden, lauschte dem Klang und merkte sich die neue Sprache. „Einen Deutschkurs habe ich nie besucht. Aber in Budweis fand ich in einer Bücherei ein Buch, ein südböhmisch-deutsches Wörterbuch. Das wurde mein Grammatikbuch." Heute spricht Petr akzentfrei Mühlviertlerisch. Mit seinen Kindern redet er allerdings nur Tschechisch. „Sie verstehen zwar alles, aber sie reden kaum Tschechisch. Die Vatersprache ist eben schwächer als die Muttersprache."

Durch Zufall fand Petr in Österreich auch rasch Arbeit, mit Geschick hat er sich Computerwissen angeeignet und werkt nun in der Grafik-Abteilung eines Großhandelshauses.

„Jetzt gibt es in Tschechien wieder viele politische Witze. Ein Zeichen, dass die Lage nicht so rosig ist", erzählt Petr. Natürlich wurde auch er in der Schule kommunistisch erzogen, „aber man wusste ja, wie es in Wirklichkeit läuft“. Manche geschichtlichen Ereignisse, die das Verhältnis von Österreichern und Tschechen bis heute prägen, lernte er anders. „Über die Beneš-Dekrete haben wir nicht viel gehört in der Schule. Ich hatte gehört, dass die Sudetendeutschen als Hitlers 5. Kolonne bezeichnet wurden und dass sie zu Recht abgeschoben worden sind.“ Die deutsche Sicht auf dieses Kapitel lernte Petr erst in Österreich kennen. „Für mich ist der Kulturwechsel eine Bereicherung, weil ich beide Seiten sehe. Zum Beispiel sagen die Tschechen von sich, sie hätten goldene Hände und in Österreich wird über sie von oben herab geredet.“

Er selbst, betont er, sei als Tscheche in Österreich nie schlecht behandelt worden. Die Familie seiner Frau nahm ihn vorbehaltlos auf. Dort ist man grenzüberschreitende Liebe mittlerweile gewöhnt: Auch Petrs österreichischer Schwager heiratete eine Tschechin. „Meine Heimat reicht von Strakonice in Südböhmen bis Linz-Urfahr“, meint Petr verschmitzt. Als „Grenzgänger“ irritiert es ihn, dass der kulturelle Austausch zwischen Oberösterreich und Südböhmen nach wie vor kaum stattfindet. „Man bekommt keine CDs mit tschechischen Gruppen zu kaufen, Bücher tschechischer Autoren sind kaum gefragt, aus der Zeitung erfährt man nicht, welche Veranstaltungen gleich jenseits der Grenze stattfinden.“

„Vierhanki“ sagte die tschechische Großmutter von Petr zu den „Vorhängen“. Vielleicht besteht eine Chance, dass Südböhmen und das Mühlviertel sich künftig wieder mehr durchmischen, sprachlich und menschlich.

Typische Weihnachtsrezepte aus der Familie von Petr Koudelka

Weihnachtsstollen

Ein „Häferl-Rezept“, dessen Grundmaß ein Ein-Viertel-Liter-Häferl ist. Alle Zutaten sollen zimmerwarm sein. Einen Germteig zu machen ist in der Familie von Petr Koudelka übrigens Männersache. Wie es auch üblich ist, dass am Sonntag der Vater kocht.

1 El Germ
9 El Zucker
1/2 Häferl Milch
3 Häferl griffiges Mehl
1/8 kg Butter
1 Eidotter
1 Prise Salz
1 P Vanillezucker
Zitronenschale
Muskatnuss
Sternanis
3 El Rosinen
Ei zum Bestreichen
3 El geriebene Mandeln

Germ und Zucker in etwas lauwarmer Milch auflösen, mit etwas Mehl bestäuben und gehen lassen. Die Butter in der restlichen Milch zerlassen. Mehl auf ein Brett schütten, in die Mitte die Germ gießen, dazu die Milch mit der zerlassenen Butter. Behutsam vermengen. Alle Gewürze und den Eidotter untermengen und zu einem geschmeidigen Teig verkneten.
An einem warmen Ort auf das Doppelte seines Volumens gehen lassen. Den Teig in neun gleich große Stücke teilen, Teigstränge ausrollen. Einen Zopf aus vier Strängen flechten, einen aus drei und einen aus zwei Strängen. Diese übereinander setzen, mit einem versprudelten Ei bestreichen und mit Mandeln bestreuen. Bei mittlerer Hitze 45 Minuten backen.

Schwarzer Karpfen

Ein typisch böhmisches Rezept, weil der Karpfen für diese Region besondere Bedeutung hat. In Petrs Familie werden drei Karpfen für das Rezept verarbeitet. Das Gericht kann man kalt und warm essen. In jeder Familie gibt es dazu ein „Familienrezept" und Petr gibt zu, dass ihm der „Schwarze Karpfen" als Kind überhaupt nicht geschmeckt hat. Er erinnert sich aber noch gut, dass die Badewanne einige Tage vor Weihnachten immer von mindestens einem Karpfen besetzt war.

1 kg Karpfen
etwas Essig
1 Möhre
1 Petersilwurzel
1 kleine Sellerieknolle
10 dag Butter
1 El Zucker
je 1 Kl geriebenes Schwarzbrot und geriebener Lebkuchen
1/4 l Malzbier oder Rotwein
etwas Karpfenblut, damit die Soße eine dunkle Farbe bekommt
2 El Essig
5 Pfefferkörner
4 Pimentkörner
1 Lorbeerblatt
1 Prise Thymian
ein Stückchen getrockneter Ingwer
1 kleine Zwiebel
1 dl Zuckerrübensirup oder 3–4 El Ribiselmarmelade
10 Walnüsse
1 Hand voll Rosinen
10 bis 15 Dörrzwetschken
wenig Zitronensaft
Zitronenschale
1 Prise Salz

Den Karpfen putzen, mit Essig spülen. Das Gemüse klein schneiden, in Butter rösten, bis es Farbe annimmt; den Zucker dazugeben. Sobald dieser karamellisiert, kommen geriebenes Schwarzbrot und Lebkuchen dazu, umrühren, mit einem 1/2 l Wasser löschen. Dann Bier oder Wein dazugießen. Karpfenblut und 2 El Essig vermischen und dazugießen. Die Gewürze und die Zwiebel in die Soße geben. Alles rund 15 Minuten köcheln, dann abseihen.

Den Sirup (oder die Marmelade) in die Brühe geben, Nüsse, Rosinen und Zwetschken dazugeben, mit Zitronensaft und Zitro-

nenschale abschmecken. Die Soße muss angenehm süß-sauer schmecken. Eventuell mit etwas Zucker nachwürzen, fünf Minuten kochen.

Den Karpfen portionieren und die Stücke in die Soße legen. 15 bis 20 Minuten auf der Herdplatte zugedeckt ziehen lassen, nicht kochen. Auskühlen lassen.

Am besten schmeckt der Karpfen, wenn er schon am Tag vor dem Verzehr zubereitet wird.

Als Beilage passen Brot, Knödel.

„Die Orthodoxen", erzählt Petr Koudelka, „essen dazu den Weihnachtsstollen, wie er oben beschrieben ist."

Ich hörte nie darüber jammern, was wir verloren haben

Dana Ployer, Jahrgang 1945, entstammt einer adelig-großbürgerlichen Familie in Prag. Seit 35 Jahren lebt sie in Linz, hat engen Kontakt zur ersten Heimat und fühlt sich in ihrer zweiten ganz zuhause.

„Wenn mir jemand sagen würde, du kannst Prag nicht mehr sehen, wäre das sehr schwer. Könnte ich Linz nicht mehr sehen, wäre das auch furchtbar." Dana Ployer pendelt zwischen zwei Ländern, die einander ihrer Einschätzung nach recht ähnlich sind. Gelegentlich versucht sie mit Kulturfahrten Österreichern Tschechien nahe zu bringen und freut sich, wenn jemand durch sie zum Tschechien-Fan wird.

Das Tschechien, auf das sie stolz ist, ist jenes der alten Kultur und der starken Tradition. Dana Maria Humlova nahm diese Identität quasi mit der Muttermilch auf. Ihre Mutter, eine lebhafte, immer positiv denkende Prager Dame, ist stolz, dass ihre Ahnenreihe Zweige der „De Martinis" aufweist. Diese Adelsfamilie hatte seit Jahrhunderten an der Prager Burg bedeutende Positionen inne. Danas Vater wiederum kann die Linie der Haugwitz in seiner Genealogie vorweisen, die sich bis zu Karl dem Großen zurückverfolgen lässt. Im Tschechien des 20. Jahrhunderts war die Familie von Danas mütterlicher Seite als Chemiefabrikanten und Drogisten erfolgreich. Wohlstand, Ansehen und Kultur prägten das Selbstbewusstsein. Die kommunistische Herrschaft versuchte das nach 1945 zu brechen. Bei Danas Familie ohne großen Erfolg. „Meine Großmutter musste bei den Kommunisten in ihrem eigenen ehemaligen Stadtpalais als Putzfrau arbeiten. Aber sie ist immer mit Schmuck ans Werk gegangen und hat den Putzbesen in unbeobachteten Momenten wie ein Turngerät benutzt, um ihre tadellose Figur zu wahren."

Dana erinnert sich an eine Szene, die sie als 3-Jährige erlebt hat. Der Großvater, Inhaber einer Seifen- und Kosmetikfabrik, kam eines Tages nach Hause, streckte den Seinen die leeren Hände entgegen und sagte: „Kinder, wir sind zu Bettlern geworden. Aber das Wichtigste ist, wir sind noch zusammen und haben unsere Hände zum Arbeiten." Er war eben enteignet worden, sogar seine Aktentasche war beschlagnahmt.

Während der 1950er Jahre herrschte in Danas Familie Angst vor den Nachstellungen des Regimes. „Oft hat jemand aus der Familie gefehlt, der zum Verhör abgeholt worden war." Dana wurde ängstlich. „Einmal sah ich einen Mann mit Ledermantel auf unsere Wohnung zugehen. Ich lief ihm nach, Mutter öffnete ihm und ich warf mich ihm zu Füßen und flehte: ‚Bitte lassen Sie meine Mama da!' Gott sei Dank war es nur ein Bekannter, der ein Buch zurückbringen wollte."

Mit den Kommunisten wollte sich in Danas Familie niemand gemein machen. Danas Eltern empfanden im Gegenteil Stolz, nicht zu den Herrschenden zu gehören.

Die Nachteile, einer falschen Klasse angehört zu haben, erfuhr Dana auch am eigenen Leib. Nach der Pflichtschule machte sie die Aufnahmeprüfung für die Kunsthochschule. Von 700

Kandidaten wurde sie an die 16. Stelle gereiht. Doch dann erschienen drei Herren der Prüfungskommission, einer fragte: „Humlova, welche Herkunft?“ Da hat sie den Kopf gesenkt. Er hat Dana umarmt und gesagt: „Armes Mädchen.“ Im Absagebrief gratulierte man ihr zu den hervorragenden Leistungen und bekräftigte, sie aus politischen Gründen nicht zur Malerin ausbilden zu können.

Dana lernte Schneiderei, arbeitete als Mannequin für Strickmoden und besserte das Haushaltsbudget mit Tanzunterricht auf. Bis sie nach einem schweren Infekt zur Erholung zu österreichischen Bekannten nach Zell am See geschickt wurde. Und dort zuerst einen Segelflieger und dann einen Skilehrer kennen lernte. Sich der Reihe nach in beide verliebte und vom Zweiten schwanger wurde.

Der Skilehrer wurde ihr Mann, wohl auch, weil sie dem Kind seinen Vater geben wollte. Zusammengezählte 14 Tage hatte sie ihren Bräutigam vor der Eheschließung persönlich gesehen, doch er konnte schöne Briefe schreiben. Wenn auch mit Rechtschreibfehlern, wie die genaue Frau Mama damals schon kritisch bemerkte. Die Ehe wurde ein Desaster. Nach zehn Monaten endlich die Scheidung. „Es war, als ob man zu lebenslang verurteilt gewesen war und doch amnestiert wurde.“

Die tschechische Schwiegertochter war in Linz nicht gerne gesehen. Ihre Post wurde gelesen, sie durfte nicht außer Haus gehen, bekam kein Geld, war isoliert mit ihrer kleinen Tochter Jacqueline, wurde geschlagen. Verwandte ihres Mannes brachten sie zu einem Internisten, sie hatte in kurzer Zeit 14 Kilo abgenommen. Dieser meinte: „Ihre einzige Medizin ist die Scheidung.“

An einige Szenen der Demütigung erinnert sich Dana noch heute genau. Als sie im Fernsehen die Sendung „Fenstergucker“ schaute und darin von Molière die Rede war, den sie sehr liebt, drehte die Schwiegermutter das Gerät ab und meinte: „Diese tschechischen Komponisten interessieren uns nicht.“ 1968 marschierten die russischen Kommunisten in Prag ein und machten dem Prager Reformfrühling ein gewaltsames Ende. Dana fieberte mit, fürchtete um die Angehörigen in Prag. Die Familie ihres Mannes hatte andere Befürchtungen: dass nun die Russen die österreichische Familie liquidieren würden, weil es hier eine tschechische Schwiegertochter gab.

Das ist die eine Seite von Danas Österreich-Erfahrungen. Die andere ist, dass ihr auch aus der Familie ihres geschiedenen Mannes besonders geholfen wurde. In zweiter Ehe heiratete sie sogar einen Cousin der Familie. Als sie nach der Scheidung in Österreich blieb, fand sie eine Anstellung bei der Bahn. Die Kollegen dort unterstützten sie nach Kräften, besorgten ihr ein Zimmer, gaben ihr Fahrunterricht. Ordensfrauen nahmen unbürokratisch das kleine Kind in Obhut, während die Mutter arbeitete. „Härte hat mich nie zu Tränen gerührt, Güte schon.“ Von dieser Güte hat Dana Ployer viel erfahren in Österreich.

Ihr zweiter Mann ist Volksschuldirektor, ihre Tochter Grafikerin und mittlerweile selbst Mutter, ihr Sohn René wurde Archäologe. Setzt er die Tradition des Forschens nach geschichtlichen Zusammenhängen fort?

Dana organisiert immer wieder Ausstellungen, die sich mit böhmisch-österreichischer Kulturvermittlung befassen. Zum Beispiel über den heiligen Johannes Nepomuk. Dieser ziert im böhmisch-mühlviertlerischen Gebiet zahlreiche Brückenköpfe. Er war von der Prager Burg in die Moldau gestürzt und ertränkt worden, weil er nicht zu bewegen war, das Beichtgeheimnis zu brechen und preiszugeben, was er als Beichtvater des böhmischen Königs erfahren hatte. Eine unbeugsame Figur. Durchaus passend zur Lebensgeschichte der Dana Ployer, geborener Humlova.

Süße Kleinigkeiten aus der Prager Mehlspeisküche

Kokosküchlein

Teig:
25 dag Mehl
1/2 Tl Backpulver
1 Ei
12,5 dag Butter
5 dag Staubzucker

Belag:
5 dag Butter
5 dag Zucker
1 Eiklar
12,5 dag Kokosraspeln
1 Ei

Alle Zutaten zu einem Teig verkneten und eine Stunde im Kühlschrank rasten lassen. Für den Belag Butter und Zucker schaumig rühren, Eiklar und Kokosraspeln untermischen.

Den Teig dünn auswalken, kleine Kekse ausstechen, diese auf ein befettetes, bemehltes Blech legen. Jedes Keks mit etwas aufgeschlagenem Ei bepinseln, in die Mitte etwas Kokosmasse geben und bei 170 Grad goldgelb backen.

Zimtplätzchen

12,5 dag Butter
10 dag Zucker
4 Eidotter
1 Tl Zimt
5 dag glattes Mehl
4 dag Maizena
5 dag gemahlene Haselnüsse

Butter mit Zucker und Eidottern schaumig rühren, Zimt, Mehl, Maizena und Nüsse einmengen. Mit einem Löffel kleine Teigstücke abstechen und auf ein gefettetes, bemehltes Blech legen. Bei 170 Grad backen. Ausgekühlt eventuell mit Schokoglasur verzieren.

Schokowürfel

25 dag Bitterschokolade
250 ml Kondensmilch (Maresi)
10 dag gehackte Mandeln

Bitterschokolade im Wasserbad zergehen lassen und mit Kondensmilch so lange schlagen, bis eine feine, glatte Masse entsteht. Die gehackten Mandeln untermischen und die Masse gleichmäßig auf Alufolie streichen. Erkalten lassen und dann in Würfel schneiden.

Haferflockenküchlein

12,5 dag Butter
12,5 dag Zucker
Zitronenschale
1 Prise Salz
10 dag glattes Mehl
10 dag ohne Fett geröstete Haferflocken
10 dag gemahlene Mandeln
Mandelstücke zum Verzieren

Butter, Zucker, Zitronenschale und eine Prise Salz schaumig rühren. Mehl, Haferflocken und Mandeln beigeben. Aus dem Teig kleine Kugeln formen, auf ein gefettetes, bemehltes Blech legen, mit Mandelstückchen verzieren und langsam bei 170 Grad backen.

Nussringe

25 dag Butter
2 Eidotter
7 dag Staubzucker
10 dag gemahlene Nüsse
20 dag glattes Mehl
Zimt
flüssige Schokolade

Butter mit Eidotter und Zucker schaumig rühren. Nüsse, Mehl und Zimt dazugeben. Den Teig in einen Dressiersack mit Sternöffnung füllen, auf ein gefettetes, bemehltes Blech Ringe spritzen. Backen und erkaltet mit Schokolade verzieren.

Mandeln mit Schokolade

15 dag Mandelstifte
5 dag Butter
15 dag Milchschokolade

Die Mandelstifte goldgelb rösten. Im Wasserbad Butter und Schokolade zergehen lassen und miteinander verrühren. Die Mandelstifte dazugeben und durchrühren. Ein Blech mit Alufolie auslegen, darauf die Masse in kleinen Häufchen setzen. Im Kühlschrank auskühlen lassen.

Obstwürfel

40 dag gemischtes Trockenobst (Rosinen, Feigen, Zwetschken, Marillen, Datteln usw.)
Schale einer Zitrone
4 El Rum
2 Eier
8 dag Zucker
8 dag glattes Mehl
10 dag gehackte Nüsse
Schokoglasur
Mandeln

Trockenobst klein hacken, mit Zitronenschale und Rum vermischen. Eier und Zucker sehr schaumig aufschlagen, Mehl, Nüsse und Trockenobst vorsichtig untermischen. Den Teig auf ein gefettetes, bemehltes Blech streichen und langsam backen. Noch warm in Würfel schneiden, mit Schokoladeglasur und Mandeln verzieren.

Apfelbrot

12,5 dag Butter
6 dag Zucker
2 Eidotter
25 dag geraspelte Äpfel
10 dag Rosinen
10 dag gehackte Nüsse
1 El Lebkuchengewürz
15 dag glattes Mehl
1 g Backpulver
3 Eiklar

Butter, Zucker und Eidotter schaumig rühren. Mit Äpfeln, Rosinen, Nüssen, Gewürz, Mehl und Backpulver vermischen.
Zum Schluss steif geschlagenen Eischnee unterziehen. Den Teig in eine gefettete und bemehlte Tortenform füllen und sehr langsam backen.

Schokokugeln

8 dag Butter
3 dag Staubzucker
2 Eidotter
15 dag geriebene Bitterschokolade
Schokoraspeln zum Wälzen

Alle Zutaten vermischen, Kugeln formen und in Schokoraspeln wälzen. Kühl lagern.

Honigschnitten

Teig:
10 dag Honig
2 El Zucker
3 dag Butter
1 Ei
1 Tl Lebkuchengewürz
1 El Rum
2 Tl Backpulver
23 dag glattes Mehl

Fülle:
15 dag Honig
4 dag Butter
gemahlenes Zimt
gemahlene Nelken
10 dag gemahlene Nüsse
einige Biskottenbrösel

Schokoglasur

Für die Fülle Honig mit Butter erwärmen, mit Zimt, Nelken und Nüssen vermischen, Biskottenbrösel unterheben.

Für den Teig Honig, Zucker und Butter erwärmen. Mit Ei, Gewürz, Rum, Backpulver und Mehl vermischen. Den Teig sechs Stunden im Kühlschrank rasten lassen. Danach den Teig in zwei große, viereckige Teile auswalken. Den ersten Teil auf ein gefettetes, bemehltes Blech legen, mit der Fülle bestreichen und mit der zweiten Teigplatte abdecken. Bei 170 Grad backen, den ausgekühlten Kuchen in kleine Stücke schneiden und mit Schokoglasur bestreichen.

Wir hatten nur, was wir am Leib trugen

Cornelia Binder, Jahrgang 1953, stammt aus Klausenburg in Rumänien. Seit ihrer Flucht 1986 lebt sie mit ihrer Familie in Linz, Oberösterreich. Ihre Kinder Tiberius und Andrea sind bereits erwachsen.

„Bei den Keksen unterscheidet man nicht nach Nationalität", meint Cornelia Binder ganz lakonisch. Warum wird sie dann bei den Menschen so wichtig genommen?

„Die Rumänen" haben in Österreich keinen guten Ruf. Das musste auch Familie Binder feststellen, als sie 1986 nach Österreich kam. „Die stehlen, schmuggeln und wollen nichts arbeiten", zählen zu den gängigen Vorurteilen. Cornelia und die Ihren mussten mehrmals am eigenen Leib erleben, wie diese Vorurteile sich im Verhalten der Österreicher niederschlagen: abschätzige Urteile, unfreundliche Behandlung bis hin zu grundlosen Beschimpfungen. Doch Frau Binder scheint nicht nachtragend zu sein. Auch durch die rumänischen Behörden hatte sie einiges zu erdulden und dennoch hilft sie ihren früheren Landsleuten, wo sie kann. Mehr als 40 Mal hat sie, vornehmlich mit Hilfstransporten, Rumänien seit dem Ende der Ceausescu-Diktatur besucht. Manchmal organisiert sie für Freunde auch Kulturfahrten in die alte Heimat Siebenbürgen.

„Bei uns hat Kultur immer eine wichtige Rolle gespielt. Wir haben viel gelesen, Gedichte gelernt und alle Klassiker der Literatur gekannt. Mit drei Jahren war ich bereits zum ersten Mal in der Oper“, erinnert sich Cornelia Binder. „Die Kultur hat uns die Würde gegeben, auch wenn wir materiell nicht viel gehabt haben.“

War es da nahe liegend, dass Cornelia einen Sänger geheiratet hat? Franz Binder ist Bassist und heute am Landestheater Linz eine bekannte Größe seines Fachs. Mit viel Glück hat er gleich nach der Flucht nach Österreich einen Posten im Chor des Linzer Landestheaters bekommen. Auch Sohn Tiberius ist mittlerweile ausgebildeter Sänger, Countertenor, er hat Musik- und Theaterwissenschaften studiert.

Cornelia Binder wurde daheim in Klausenburg in Siebenbürgen als Laborantin für Pflanzenphysiologie ausgebildet. Schon bald nach der Heirat begleitete sie ihren Mann Franz zu Engagements nach Halberstadt in der DDR. Eine gute Gelegenheit Deutsch zu lernen. Cornelias Mutter war Ungarin, der Vater Rumäne.

Nach acht Jahren in Halberstadt gab es plötzlich unerwartete Probleme. Sohn Tiberius, neun Jahre alt, wurde bei der Ausreise aus Rumänien Richtung DDR zurückbehalten. „Es gab einen Erlass, dass rumänische Kinder in Rumänien zur Schule gehen müssen. Angeblich, weil Ceausescu sich bei einem Staatsbesuch im Ausland geärgert hatte, dass die Diplomatenkinder nicht ordentlich Rumänisch sprechen. Wir mussten also unseren Sohn zurücklassen. Gott sei Dank konnte ihn die Großmutter aufnehmen, sonst wäre er im Waisenheim gelandet.“ Die dreijährige Tochter Andrea durfte Familie Binder mitnehmen in die DDR. Täglich schrieb Cornelia einen Brief an den Sohn in Rumänien. Jeder wurde von der Securitate, dem rumänischen Geheimdienst, gelesen.

„Als unsere Tochter ins schulpflichtige Alter kam, haben wir uns entschlossen zu fliehen." Vorerst floh Franz Binder alleine über die Tschechoslowakei nach Österreich. Cornelia und Andrea warteten in Budapest drei Wochen auf eine Fluchtmöglichkeit. Drei Wochen voller Angst und Ungewissheit und voller Sorge, möglicherweise Mann und Sohn nie wiederzusehen. „Ein befreundeter Regisseur aus Graz hatte den Mut, uns beide in Budapest abzuholen und über die Grenze zu bringen. Ich hatte schreckliche Angst, dass Andrea etwas ausplappert. Gott sei Dank gab es damals noch keine Visumpflicht für Rumänen bei der Einreise nach Österreich. Am 14. Mai 1986 waren wir endlich bei meinem Mann in Linz."

Nur Sohn Tiberius fehlte noch. Alle Versuche, ihn aus Rumänien frei zu bekommen, schlugen fehl. Selbst die 6.000 Schilling, die Familie Binder pro Familienmitglied auf ein geheimes Konto des rumänischen Staates einzahlte, bewirkten nichts. Mit Druck des österreichischen Innenministeriums gelang die Nachholung von Tiberius. Seit 26. November 1986 ist auch er in Österreich.

„Wir haben am Anfang wirklich nichts gehabt als die Kleidung, die wir im Leib trugen." Rasch fand die Familie Anschluss in der Pfarre der Kapuziner in Linz. „Mein Mann hat gleich beim Pfarrfest gegrillt und ich habe Kaffee gekocht." Viele aus der Pfarre unterstützten die mittellose Familie. „Wenn man merkt, dass einem etwas mit offenem Herzen geschenkt wird, dann fällt es leicht, das anzunehmen", meint Cornelia rückblickend. Sie lacht und redet gerne – „Mein Mann sagt: Du kannst sogar mit einem Türstock reden!" – und ist doch sehr nachdenklich. „Ich habe den Eindruck, dass das Materielle immer wichtiger wird und der Mensch immer weniger zählt." Ihre Tochter Andrea hat vom Studium der Wirtschaftswissenschaften zur Theologie gewechselt, weil sie „die Schnösel auf der Wirtschaftsuni nicht mehr ausgehalten hat". So ganz daheim in der Logik des kapitalistischen Westens fühlt sich in der Familie Binder niemand. Doch es bleiben die Welt der Kirche und die der Kultur. Sie bringen Cornelias Augen zum Leuchten. Und die Nationalität ist da so egal wie bei den Keksen.

Süßes aus Cornelia Binders Backstube

„Mein Großvater war rumänisch-orthodoxer Priester", erzählt Cornelia Binder. So wuchs auch sie in dieser konfessionellen Tradition auf. Erst 1988, schon in Österreich, konvertierte sie zum römischen Katholizismus. Das orthodoxe Weihnachtsfest wurde auch am 24. Dezember gefeiert. Mit Gebeten, Liedern, Geschenken und festlichem Essen. „Viel wichtiger war bei uns aber das Osterfest."

Die folgenden Rezepte sind handschriftlich überlieferte Familienköstlichkeiten.

Großmutter-Schnitten

Teig:
20 dag Mehl
12 dag Butter oder Margarine
8 dag Staubzucker
8 dag geriebene Nüsse
1 Ei

Fülle:
15 dag kandierte Früchte
12 dag geriebene Nüsse
15 dag Staubzucker
Saft und Schale einer halben Zitrone

Marillenmarmelade
gehackte Nüsse
Schokoladenglasur

Zuerst den Teig bereiten. Dazu Mehl und Butter verbröseln, mit Zucker, geriebenen Nüssen und Ei zu einem glatten Teig verarbeiten. Teig auf Backpapier 5 mm dick ausrollen und bei 180 Grad 15 bis 20 Minuten backen.

Für die Fülle klein geschnittene kandierte Früchte mit Nüssen, Zucker, Saft und Schale einer halben Zitrone verrühren.

Teig nach dem Backen halbieren, die Fülle auf die erste Teighälfte streichen, die zweite Hälfte darauf legen und andrücken. Oberseite mit Marillenmarmelade bestreichen, mit gehackten Nüssen bestreuen und mit Schokoladenglasur bespritzen. Den Kuchen in kleine Schnitten schneiden.

Klausenburger Augen

Teig:
25 dag Mehl
1 Tl Backpulver
10 dag Staubzucker
1 P Vanillezucker
3 Eidotter
15 dag Butter oder Margarine

Zum Wälzen:
3 Eiklar
gehackte Nüsse oder Mandeln
2 El Zucker
Himbeermarmelade

Die Zutaten gut verkneten und walnussgroße Kugeln formen. Eiklar etwas aufschlagen; Nüsse und Zucker vermischen. Jede Kugel mit einer Hälfte in Eiklar tauchen und dann in die Nuss-Zucker-Masse drücken. Mit der bestreuten Seite nach oben auf ein mit Backpapier ausgelegtes Blech setzen. In jede Kugel eine Vertiefung drücken und Himbeermarmelade hineinfüllen. Bei 175 Grad zirka 15 bis 17 Minuten backen.

Kakao-Kartoffeln

20 dag Staubzucker
20 dag geröstete und geriebene Nüsse
20 dag gemahlene Butterkekse
10 dag Butter
10 dag klein geschnittene Trockenfrüchte (Marillen, Orangen, Limetten)
etwas Rum
1 P Vanillezucker
1/8 l Milch
3 El Kakao

Die Zutaten gut vermischen, Kartoffeln formen, in Kakaopulver wälzen und kalt stellen.

Mutters Nussecken

Teig:
20 dag Butter oder Margarine
20 dag Zucker
1 El Kakao
20 dag Nüsse
6 Eiklar
12 dag Mehl

Belag:
6 Eidotter
20 dag Zucker
20 dag Schokoladenglasur

Butter und Zucker schaumig rühren, Kakao und Nüsse dazugeben. Eiklar zu Schnee schlagen, Mehl und Schnee vorsichtig unterheben. Die Masse auf ein Backpapier streichen und bei 170 Grad zirka 30 Minuten backen. Die Dotter mit Zucker schaumig rühren und auf den heißen Kuchen streichen. Nochmals in den Backofen schieben und bei kleiner Hitze fertig backen. Nach dem Backen ausgekühlt in Ecken schneiden und mit Schokoladenglasur verzieren.

1-2-3

Teig:
20 dag Butter
10 dag Zucker
2 Eidotter
30 dag Mehl
1–2 El Rahm
etwas Salz

Belag:
2 Eiklar
28 dag Zucker

Marillenmarmelade

Butter und Zucker für den Teig schaumig rühren, die übrigen Zutaten dazumengen. Rasch zu einem Teig verkneten und zirka eine halbe Stunde im Kühlschrank rasten lassen. Eiklar und Zucker zu festem Schaum schlagen.

Den Teig dünn auswalken, kleine Kekse (zirka 3 cm Durchmesser) ausstechen und auf Backpapier legen. Mit einem Spritzbeutel den Schaum auftragen; bei zirka 140 Grad backen.

Je zwei ausgekühlte Kekse mit Marillenmarmelade zusammensetzen.

Harlekin

Teig:
50 dag Mehl
2 Eier
14 dag Staubzucker
2 El Rahm
28 dag Butter
1 Msp Natron gelöst in
1 El Zitronensaft
etwas Salz

Fülle:
3 Eidotter
25 dag Staubzucker
1 P Vanillezucker
gehackte Rosinen

Marillenmarmelade

Alle Zutaten zu einem Teig verarbeiten, in drei gleiche Teile teilen, auswalken und bei 180 Grad backen.

Dotter mit Staubzucker und Vanillezucker schaumig schlagen, gehackte Rosinen unterheben.

Ein erkaltetes Teigblatt mit Marillenmarmelade bestreichen, das zweite darauf legen, mit Marillenmarmelade bestreichen, das dritte darauf legen, dieses mit dem Eischaum bestreichen. Fest werden lassen und den Kuchen in kleine Würfel schneiden.

Krönchen

Teig:
25 dag Butter
30 dag Staubzucker
40 dag Mehl
2 Eidotter
3–4 El Rahm
1 Msp Natron gelöst in
1 El Zitronensaft

Creme:
10 dag Butter
10 dag Staubzucker
2 Rippen zerlassene Schokolade

Butter und Zucker schaumig rühren, die restlichen Zutaten dazugeben und zu einem Teig verkneten. Diesen dünn auswalken, kleine Krönchen ausstechen, auf ein gefettetes, bemehltes Blech setzen und zirka 15 Minuten bei 190 Grad backen. Butter, Zucker und zerlassene Schokolade zu einer feinen Creme verrühren. Je zwei erkaltete Krönchen damit zusammensetzen. Jedes Keks mit einem Tupfer Creme und einer Mokkabohne verzieren.

Draculakuchen

Teig:
4 Eidotter
25 dag Zucker
1 P Vanillezucker
1/8 l Öl
1/8 l Wasser
25 dag Mehl
1 P Backpulver
2 El Kakao
4 Eiklar

Fülle:
85 dag Sauer-kirschenkompott
2 P Vanillepudding
300 ml Schlagobers
1 P Sahnesteif
4 El Zucker
1 P Biskotten
10 dag Kochschokolade
5 dag Kokosfett

Dotter mit Zucker und Vanillezucker schaumig rühren, Öl und Wasser langsam einrühren, das mit Backpulver und Kakao vermischte Mehl einmengen. Eiklar zu Schnee schlagen und unterheben. Die Masse auf ein gefettetes, bemehltes Blech streichen und bei 180 Grad zirka 30 bis 40 Minuten backen.

Kirschen abtropfen lassen, den Saft in einen Topf geben und auf 800 ml mit Wasser auffüllen. Den Vanillepudding mit 2 El Zucker und 150 ml kaltem Wasser verrühren und in den kochenden Saft einrühren. Vom Herd nehmen, Kirschen einrühren und alles über den kalten Kuchen streichen. Kalt werden lassen. Obers mit Sahnesteif und 2 El Zucker schlagen und über die Kirschen streichen.

Darauf die Biskotten legen und mit Schokoglasur aus zerlassener Schokolade und Kokosfett bespritzen.

Ich habe die Küche gewechselt

Mathild Farkas, Jahrgang 1960, stammt aus Tigu Mures/Morosvarszany in Siebenbürgen, Rumänien. Seit 1992 lebt sie in Österreich. Sie ist unverheiratet und arbeitet als Köchin in einer Fachschule für Sozialberufe.

„An ein gutes Leben gewöhnt man sich leichter als an ein schlechtes." Mathild Farkas rechnet die elf Jahre, die sie schon in Österreich lebt, zum guten Leben. Auch wenn es ein einfaches Leben ist. Die 42-Jährige ist Köchin in einer Caritas-Fachschule für Sozialberufe. Im Schulgebäude hat sie eine einfache Dienstwohnung, vor dem Haus parkt ein kleines Auto. „Als ich noch in Rumänien lebte, dachte ich, in Österreich kann man schon nach drei Monaten Arbeit ein Auto kaufen. Bei meiner ersten Lohnabrechnung habe ich gesehen, dass sich das nicht ausgeht."

Wie gewinnt ein Mädchen vom Land, wie es Mathild Farkas war, eine Vorstellung vom Leben?

Mit 17 Jahren kam sie in das Priesterseminar von Alba Julia als Köchin. Eine ihrer Tanten war dort als Nonne seit vielen Jahren Köchin in der Patisserie. Mathild durfte mit Genehmigung der zuständigen Schwester Leonarda für die Professoren kochen und wurde dafür gelobt. „Schwester Leonarda, heute war das Essen ausgezeichnet." Dass Mathild die einfachen Rezepte mit ein bisschen mehr an Eiern und Sauerrahm aufgebessert hatte, blieb der ehrwürdigen Schwester verborgen. Mathilds Großmutter war Chefköchin bei einem Fürsten gewesen und Mathilds Mutter war gefragte Hochzeitsköchin.

Ein lustiges Leben durften sich die jungen Frauen aus der Küche des Priesterseminars nur sehr begrenzt machen. „Mit Minirock und Wimperntusche war ich nicht sehr beliebt bei den geistlichen Schwestern." Schließlich waren die Männer, „viele hübsche junge Priester", rundum tabu. Dennoch muss die Atmosphäre Mathild beeinflusst haben, denn die jungen Männer daheim im Heimatort haben ihr nach einigen Jahren im Seminar nicht mehr gefallen: „Ich war Intelligentere gewöhnt." So blieb sie bis heute unverheiratet.

„Dass ich weggegangen bin aus Rumänien, war keine Abenteuerlust, sondern die Hoffnung auf bessere Arbeit", erzählt Mathild. In der Küche der Caritas-Schule war eine Stelle frei. Ohne dass ihre Arbeitskollegen oder ihre Familie etwas geahnt hätten, kehrte Mathild von einer privaten Reise nach Österreich nicht mehr zurück.

„Ich konnte kein Wort Deutsch, nur Grüß Gott und Auf Wiedersehen." Ihre Kollegin war eine Bosnierin, die mit dem Deutsch auch nicht viel besser dran war. „Wir haben einfach darüber gelacht und gesagt, was wir miteinander reden, ist Hochdeutsch." In der Schulküche muss Mathild 30 bis 50 Essen pro Tag auf den Tisch bringen, in Alba Julia waren es 300. „Außerdem wurden dort jede Woche zwei Schweine geschlachtet, die ich alleine verarbeiten musste. Auf Dauer wäre mir diese Arbeit einfach zu stark geworden."

Die Gemeinschaft der Arbeitskolleginnen hat sie anfangs schmerzlich vermisst. Heute, meint sie, habe sie in Linz schon mehr Bekannte als „daheim". Dorthin fährt sie zu allen freien Zeiten. Nicht nur aus Sehnsucht nach den Angehörigen, sondern auch, um diese zu unterstützen. „Meine Mutter ist schon alt und hat nur rund 20 Euro Rente. Meine Schwester ist Witwe, nun auch arbeitslos und verdient nichts. Mein Neffe hat maturiert und findet keinen Job. Meine Nichte studiert, kann aber selbst für das Schulgeld nicht aufkommen." Tante Mathild teilt ihren nicht gerade üppigen Lohn mit der Familie in Rumänien und hilft im Urlaub bei der Feldarbeit. Nach dem Ende des Kommunismus hat Familie Farkas rund zwei Hektar Landwirtschaftsgrund zurückbekommen. Allerdings fehlt die Kraft von Männern und Maschinen zur Bearbeitung. Aber ohne das Gemüse und das Obst vom eigenen Grund wäre das Überleben noch schwerer. „Solange ich da bin, müsst ihr euch keine Sorgen machen", lässt Mathild die Ihren wissen. Da verzichtet sie lieber auf neue Kleidung und sagt sich, dass ihr die neuen Farben und Muster ohnehin nicht gefielen. Mathild ist eine Szeklerin. Die Szekler, so nennt sich die ungarische Volksgruppe in Siebenbürgen, haben den Ruf, sehr stolz zu sein.

Im Herbst 2002 ist Mathild Österreicherin geworden. Dafür hat sie die oberösterreichische Landeshymne „Hoamatland" geübt. Bisher konnte sie nur das Vaterunser singen.

Rezepte aus der Siebenbürger Heimat von Mathild Farkas

Das typische Weihnachtsessen der Siebenbürger Ungarn ist:

Gefülltes Kraut

Die Blätter eines ganzen Häuptels Sauerkraut werden mit einer Fülle aus feinem, magerem Schweinsfaschiertem, rohem Reis, gerosteter Zwiebel, Salz und Pfeffer gefüllt. In einen tiefen, hohen Topf wird zuerst eine geräucherte Stelze gelegt, dann kommt darüber geschnittenes Sauerkraut, darauf kommen die Krautrouladen. Ein bisschen Wasser zugießen und drei bis vier Stunden leise köcheln.

Das gefüllte Kraut wird nach der Mette gegessen. Als Beilage serviert man Petersilkartoffeln.

Da vor Weihnachten traditionell in Siebenbürgen ein Schwein geschlachtet wird, erfreut sich ein Salzgebäck besonderer Beliebtheit:

Grammelpogatschen

2 dag Germ
1 dl Milch
50 dag Mehl
2 dl Sauerrahm
1 dl Weißwein
2 Eier
10 dag Margarine
25 dag faschierte Grammeln
Salz
Pfeffer
1 Ei zum Bestreichen

Germ in etwas warmer Milch auflösen und etwas gehen lassen. Mehl, Sauerrahm, übrige Milch, Wein, Eier, Margarine, Grammeln, Salz und Pfeffer gut mischen. Mit der Germ zu einem glatten Teig kneten und gehen lassen. Dann wie einen Blätterteig weiter verarbeiten: Den Teig auswalken, auf ein

Rechteck zusammenschlagen, neuerlich ausrollen. Den Vorgang drei Mal wiederholen. Dazwischen den Teig jeweils 10 bis 15 Minuten rasten lassen.

Anschließend den Teig nicht zu dünn auswalken und mit einer runden Form ausstechen, mit einem Messer ein Gittermuster in die Oberfläche ritzen, mit versprudeltem Ei bestreichen und bei 180 Grad rund 25 Minuten backen.

Die Lieblingsmehlspeise des Direktors im Priesterseminar von Alba Julia war eine wahre Kalorienbombe:

Mauertorte

Teig:
5 Eiklar
20 dag Nüsse
1/2 El Mehl

Creme:
5 Eidotter
20 dag Butter
1 dl starker Kaffee
3 El Kakao
20 dag Zucker

Eiklar zu steifem Schnee schlagen, Nüsse und Mehl unterheben. Das Backrohr auf 180 Grad vorheizen. Die Masse in eine gefettete, bemehlte Form füllen, ins Rohr schieben, dieses ausschalten und die Torte trocknen lassen.

Für die Creme Zucker in einem passenden Gefäß auf dem Herd schmelzen und aufkochen, Kaffee und Kakao dazumischen, vom Feuer nehmen und überkühlen. Dotter und Butter schaumig rühren und vorsichtig in die flüssige Masse einrühren.

Die Torte einmal in der Mitte quer durchschneiden und mit Creme füllen.

Auch die Lieblingsspeise des nunmehrigen Bischofs von Alba Julia, Jakab Antal, der zu der Zeit, als Mathild Farkas im Priesterseminar kochte, dort Theologieprofessor war, soll nicht verschwiegen werden:

Eierschwammerlreis

Dieser wird wie ein Reisfleisch zubereitet, nur wird das Fleisch durch frische Eierschwammerl ersetzt. Guter ungarischer Paprika gibt die Würze.

Und was isst Mathild Farkas selbst gerne?

Szekler Fisolensuppe

Zirka 1 1/2 kg gelbe, breite Bohnen mit Wasser kochen, Petersilie und Selleriegrün schneiden, eine Zwiebel schneiden und dazugeben. Frische Tomaten weich kochen, pürieren und abseihen. Die Suppe mit Mehl und Tomatensoße binden, salzen und pfeffern und mit etwas Sauerrahm servieren.

Klausenburger Sauerkrautauflauf

1 Zwiebel
80 dag Faschiertes
Salz
Pfeffer
1 kg Sauerkraut
20 dag Reis
1/2 l Sauerrahm

Zwiebel schneiden, anrösten, Faschiertes dazugeben, salzen, pfeffern. Das Sauerkraut dünsten und danach gut ausdrücken.

In eine Auflaufform zuerst Kraut, dann Reis und dann Faschiertes füllen, mit Sauerrahm bedecken und den Vorgang ein zweites Mal wiederholen. Zirka 20 Minuten bei 150 Grad backen. Dazu isst man Brot oder Kartoffeln.

Im Sommer schmeckt Mathild eine

Obstsuppe

Drei bis vier Karotten und zwei Petersilwurzeln mit Wasser kochen, zirka 1 kg geschnittene Äpfel dazugeben, weich dünsten und dann mit zwei Eidottern und einem Viertelliter Sauerrahm vermischen; mit Zucker abschmecken.

Wo ist daheim und was ist zuhause?

Rozalia Papp, Jahrgang 1943, Ungarin aus Rumänien, kam im Juni 1986 als politischer Flüchtling nach Österreich. Sie hat zwei Kinder, Zsolt und Emese, und ist seit 2000 als Lehrerin pensioniert.

„Wir sind wie Störche, wir kommen von daheim und gehen nach Hause." Störche, die Rozalia Papp auf einer Reise von Österreich nach Rumänien durch die Wiese staksen sah, hat sie auf einem Bild mit Pinsel und Farbe festgehalten. „Sie haben so traurig und bedrückt gewirkt."

Seit Rozalia Papp in Pension ist, malt sie wieder. Davor haben ihr die Mühen des Lebens jede Lust und jedes Quäntchen Zeit gestohlen, die es dafür braucht.

Rozalia Papp fühlt sich bis heute als Ungarin. Der mütterliche Zweig ihrer Familie hatte Wurzeln in Österreich, der väterliche in Ungarn und der Slowakei, gewohnt haben alle in Siebenbürgen. Als Rozalia 1943 zur Welt kam, war sie ungarische Staatsbürgerin. Ab 1944 gehörte Siebenbürgen zu Rumänien. Rozalia wurde rumänische Staatsbürgerin. Seit 1992 ist sie österreichische Staatsbürgerin. Mit ihren Kindern spricht sie Ungarisch und keinen stört das. In Rumänien war das anders. Die ungarische Mehrheit wurde in Siebenbürgen von der rumänischen Minderheit schikaniert und teilweise verfolgt. „Mein Mann traute sich in der Dämmerung nicht mehr zu seinem Weingarten gehen, weil in der Nacht oft Menschen spurlos verschwunden sind." Einmal fuhr das schwarze Auto der Securitate, das war der gefürchtete rumänische Geheimdienst, vor ihrem Wohnhaus vor. Ein couragierter jüdischer Mitbürger konnte die Verhaftung von Rozalias Mann abwenden. Und das, obwohl Rozalias Vater während der Nazizeit Stadtrat war und der Deportation jüdischer Mitbürger tatenlos zusehen musste, um die eigene Familie nicht zu gefährden. „Ich will keine Rache nehmen an unschuldigen Kindern, hat unser jüdischer Nachbar gesagt", erinnert sich Rozalia. „Das sind die Tragödien, die sich fast täglich in der Welt abspielen."

Von außen betrachtet, könnte auch Rozalias Geschichte wie eine Tragödie anmuten. Ehe sie sich 1986 während eines Ungarn-Urlaubs kühn entschloss, mit ihren Kindern nach Österreich zu fliehen, hatte sie einiges zu erdulden. Als Mittelschullehrerin für Kunstgeschichte und Museologie musste sie die unsinnigen Lehren des Ceausescu-Regimes an die Schüler weitergeben. „Ich musste die Produktionspläne der Partei im Unterricht vortragen. Einmal musste ich sagen, dass es bald Butter in reichlichem Maß für alle geben werde. Da stand ein Schüler auf und fragte, warum dann seine Mutter nie Butter auf den Tisch bringen könne. Da musste ich weiterlügen, um nicht meinen Arbeitsplatz zu verlieren." Jede Woche mussten alle Lehrer einen Abend für Parteiunterweisungen opfern. „Das hat denkende Menschen total kaputt gemacht." Neben dem Schuldirektor amtierte ein Parteidirektor, der die kommunistische Erziehung der Schüler überhatte. Ihm oblag es auch, Schüler, die in die Kirche gingen, abzumahnen und in ihren Akten entsprechende Vermerke zu machen. Ironischerweise, erzählt Frau Papp, ist ausgerechnet dieser Direktor nach dem Sturz Ceausescus Inspektor für den Religionsunterricht geworden.

In den 1980er Jahren wurde die Versorgungslage in Rumänien immer schlechter. „Wir mussten uns stundenlang um Lebensmittel anstellen." Die Ungarn wurden verdächtigt, das durch Sabotage verschuldet zu haben. Verdächtigung und Spitzelei machten viele mürbe. „Man hatte immer Angst, dass der Kollege für den Geheimdienst arbeitet, dass man plötzlich verhaftet wird. Wenn ich zum Beispiel von meiner Tante aus Deutschland einen Brief bekommen habe, den die Nachbarin mir übersetzt hat, wurde ich ein paar Tage später von der Polizei angerufen und musste Auskunft über den Inhalt geben."

Am meisten bedrückte Rozalia, ob ihre Kinder in diesem Land eine Zukunft haben würden. Emese war mit einem schweren Hüftleiden geboren worden und besuchte ein 30 Kilometer entferntes ungarisches Gymnasium. Eine heilende Operation war für sie nicht in Aussicht, der Schulweg in ungeheizten und überfüllten Bussen wurden für das Mädchen immer beschwerlicher. „Ich habe eine Gefahr gefühlt für meine Kinder. Ich wollte meine Kinder aus diesem Land retten." Besser kann Rozalia nicht beschreiben, was ihr den wichtigsten Anstoß zur Flucht gegeben hat.

Es war Juni 1986, ein angenehmer Sommerurlaub in Ungarn. Immer wieder hörte Rozalia, dass rumänische Staatsbürger sich nach Österreich absetzten. Doch keiner wollte ihr erzählen, wie das ging. Rozalia hatte noch so viel Geld, dass sie ein Grillhenderl und Brot kaufen konnte. Dann setzte sie sich mit den beiden Kindern, damals 14 und zwölf Jahre alt, in den Zug Richtung Österreich. Ohne Fahrkarte, dafür fehlte das Geld. „Ich wollte bis zur österreichischen Grenze und dort schauen, wie es weitergehen kann." Doch dann ging alles viel einfacher und schneller als erwartet. An der österreichischen Grenze öffnete der Schaffner die Abteiltür, nahm offenbar rasch wahr, was Rozalia vorhatte, und schloss die Tür wieder. Um halb elf Uhr nachts stand Rozalia auf dem Bahnsteig des Wiener Südbahnhofs. Ohne Geld, ohne ein Wort zu verstehen, ohne Idee, wie es weitergehen könnte. Da näherten sich ein Mann und eine Frau, sie sprachen, so viel konnte Rozalia ausnehmen, Polnisch oder Russisch. „Vielleicht sind die vom Geheimdienst?", schoss es Rozalia durch den Kopf. Plötzlich stieg die Angst in ihr auf, die sie in der Anspannung davor nicht gespürt hatte. Das Paar versuchte sich verständlich zu machen. Vergeblich. Aber sie dürften erfasst haben, dass Rozalia soeben zum Flüchtling geworden war. Sie brachten Mutter und Kinder zum Taxistand, gaben dem Fahrer Geld und als Fahrziel „Traiskirchen". „Ich bin ein Beispiel für ein Gotteswunder", meint Rozalia heute dazu.

Im Asylverfahren beschlossen Rozalia und ihre Kinder nichts als die Wahrheit zu sagen. Das wurde belohnt. Alle drei wurden als politisch verfolgte Flüchtlinge anerkannt. Es folgten sieben Monate in Bundesbetreuung in einem niederösterreichischen Landgasthaus. Nur mit Mühe erlernte Rozalia Deutsch. „Mein Deutsch ist bis heute wie ein Haus ohne Unterbau. Es droht ständig zusammenzubrechen." Ihre Kinder stellten sich schnell um. Besonders Emese erwies sich als Sprachentalent. Heute spricht sie neben Ungarisch, Rumänisch und Deutsch auch Englisch, Französisch, Spanisch und Russisch.

Ihr größtes Glück sei, dass sie nun privat und ungestört leben kann, dass sie ihre Nachbarn nicht fürchten muss. „Ich fühle mich unglaublich reich", strahlt Rozalia. Materiell ist sie das allerdings nicht. Ihre 22 Unterrichtsjahre in Rumänien wurden ihr für die österreichische Pension nicht angerechnet. In Österreich konnte sie keine volle Lehrverpflichtung übernehmen, weil ihr Zweitfach „Museologie" nicht anerkannt wurde. So muss sie mit einer Mindestrente von etwas mehr als 600 Euro ihr Auskommen finden. Sie hat kein Auto mehr und seit 2000 muss sie auch nicht mehr finanziell für ihre Mutter in Rumänien sorgen. Deren Tod gleicht, so traurig es war, einem weiteren Abenteuer im Leben der Rozalia Papp. Die 86-jährige Dame war wieder einmal in Ried zu Besuch, wurde aber schon nach wenigen Tagen unruhig und wollte nach Rumänien zurück. Rozalia versuchte das hinauszuzögern, denn schließlich hielt es ihre Mutter nie lange aus, obwohl die Reise Rozalia immer viel Geld kostete. In der dritten Nacht packte Rozalia ihre Mutter ins Auto und machte sich mit ihr auf den Weg. Sie legte den hinteren Autositz um und bettete die müde und schwache alte Frau. Die verfiel sofort in Schlaf. Als Rozalia auf einem Parkplatz nach Budapest wieder nach der Mutter schaute, atmete diese nicht mehr. „Im ersten Moment wollte ich laut schreien und Hilfe holen. Doch dann habe ich einen Moment überlegt, dass riesige Scherereien beginnen würden. Ich habe der Mutter ihr Kopftuch mehr ins Gesicht gezogen, mich ans Steuer gesetzt und bin mit tränenverschleiertem Blick einfach weitergefahren." An der ungarischen Grenze bestand der Grenzbeamte nicht darauf, die Oma zu „wecken", um ihre Identität festzustellen, und der rumänische Zollbeamte verzichtete, die „schlafende" Oma umzudrehen, um allfälliges Schmuggelgut zu finden. „Gott war bei mir, denn ich war fast außer mir. Ich habe meine Mutter tot zurück in ihre Wohnung gebracht."

Zuhause und daheim – unterwegs wie die Störche mit Quartieren und wechselndem Wohnsitz? Rozalia Papp hat sich in die Vorläufigkeit allen irdischen Daseins gefunden. „Jetzt bin ich im Altweibersommer meines Lebens, ein sonniger, ruhiger Abschnitt. Solange es so bleibt, kann ich sagen, dass ich reich und wunschlos glücklich bin."

Süßes aus Rozalias Mehlspeisküche

Ungarischer Festtagskuchen

Mürbteig:
28 dag Mehl, glatt und griffig gemischt
14 dag Butter (zwei Esslöffel davon ersetzt Rozalia durch Schweineschmalz, weil der Kuchen dadurch weicher wird)
1 Ei
1 Eidotter
etwas Sauerrahm
2 El Kakao
1 Tl Backpulver
1 kleine Kaffeetasse Zucker
1 Prise Salz

Das Mehl mit Butter verbröseln, Ei und Dotter mit etwas Sauerrahm dazurühren, restliche Zutaten dazugeben und rasch zu einem glatten Teig kneten. Kühl mindestens 30 Minuten ruhen lassen. Danach in zwei Teile teilen, ausrollen und nacheinander auf einem gefetteten, bemehlten Blech bei 180 Grad zirka zwölf Minuten backen.

Biskuit:
6 Eier
12 El Zucker
Zitronenschale
12 El Öl
12 El Mehl
1 P Backpulver

Eier, Zucker und Zitronenschale schaumig rühren, Öl und Mehl (versiebt mit Backpulver) abwechselnd unterheben. Masse auf ein gefettetes und gestaubtes Blech streichen. Backrohr auf 200 Grad vorheizen, Masse 20 bis 25 Minuten backen, die letzten 10, 15 Minuten Hitze auf 180 Grad reduzieren.

Puddingcreme:
2 El Zucker
1 P Vanillepuddingpulver
1 Ei
zirka 1/2 l Milch
20 dag Butter
10 dag Zucker

Zucker mit Puddingpulver vermischen, das Ei einrühren, verdünnen mit Milch (laut Packungsanleitung), in der Mikrowelle bei 600 Watt zwei bis drei Minuten erwärmen, dazwischen mehrmals umrühren. Pudding erkalten lassen, dann Butter und Zucker glatt rühren und den ausgekühlten Pudding dazurühren.

Nun den Kuchen zusammensetzen. Dazu ein Blatt Mürbteig mit Marmelade bestreichen (Marille oder Ribisel), darauf die Puddingcreme streichen, darüber das Biskuit legen, dieses wieder mit Marmelade bestreichen und mit der zweiten Mürbteigplatte abschließen.

Germteig-Schnecken

Teig:
1 P Germ (42 g)
3 El Milch
1 El Zucker
1 Prise Salz
60 dag Mehl, glatt und griffig
1 Ei
2 Eidotter
Zitronenschale
3 El Öl

Butter, Zucker und Vanillezucker als Fülle und Rosinen zum Bestreuen

Guss:
1 Tasse Milch
zirka 10 dag Zucker
1 P Vanillezucker

Dampfl: Germ mit lauwarmer Milch, Zucker und einer Prise Salz in einer Schale vermischen, mit etwas Mehl bestäuben und gehen lassen.

Mehl mit Ei, Dottern, Zitronenschale und Dampfl vermischen und mit etwas lauwarmer Milch verkneten, bis der Teig wie Knetgummi wird. Er darf nicht zu weich sein, sondern soll so lange geknetet werden, bis er nicht mehr an den Händen klebt. Dann Öl unterkneten, bis es ganz vom Teig aufgenommen ist. Den Teig an einem warmen Ort bis zum Doppelten seines Volumens gehen lassen.

Teig auf bemehlter Fläche in eine längliche Form ziehen. Mit einer Mischung aus Butter, Zucker und Vanillezucker wie ein Butterbrot bestreichen. Rosinen darüber streuen. Den Teig einrollen. Zirka 5 cm lange Stücke abschneiden, mit der Anschnittfläche nach unten auf ein gefettetes, bemehltes Blech stellen. Den Ofen nicht vorheizen. Das Gebäck in den kalten Ofen stellen, auf 200 Grad ein-

schalten und etwa 20 bis 25 Minuten backen, bis die Oberseite bräunt.

Inzwischen für den Guss die Milch wärmen, mit Zucker und Vanillezucker süßen und über die gebackenen Schnecken gießen. Diese für fünf Minuten zurück ins Rohr geben, bis alle Milch aufgesaugt ist. Nicht zu lange backen!

Mutters Nussbiskuit

Mürbteig:
28 dag Mehl
28 dag Butter
1 Ei
zirka 2 El Zucker

Biskuit:
6 Eidotter
28 dag Zucker
Schale einer Zitrone
28 dag Walnüsse
Saft einer Zitrone
6 Eiklar

Mürbteig aus allen Zutaten abkneten und 30 Minuten kühl ruhen lassen.

Für das Biskuit Eidotter, Zucker und Zitronenschale schaumig rühren, Walnüsse und Saft einer Zitrone unterheben. Eiklar zu Schnee schlagen und vorsichtig unterziehen.

Mürbteig auf zwei Teile auswalken, die erste Platte auf ein gefettetes, bemehltes Blech legen, darauf das Nussbiskuit verteilen, die zweite Mürbteigplatte darauf legen. Bei 200 Grad im vorgeheizten Rohr 30 bis 35 Minuten backen. Mit einer Stricknadel probieren, ob das Biskuit durchgebacken ist. Den fertigen Kuchen mit Staubzucker bestreuen.

Nussschnitten

Teig:
5 Eier
1 P Backpulver
1 P Vanillezucker
1/8 l Öl
1/8 l Wasser
20 dag Mehl
25 dag Zucker
2 El Kakao

Creme:
21 dag geriebene Walnüsse
18 dag Zucker
Rum
1 Becher Obers

Marmelade
Punschglasur

Aus ganzen Eiern und den übrigen Zutaten einen Rührteig vermischen und bei 200 Grad auf einem gefetteten, gestaubten Blech 15 Minuten im vorgeheizten Rohr backen. Auskühlen lassen und in zwei Teile schneiden.

Für die Creme Zutaten vermischen, auf die erste Teigplatte streichen und mit der zweiten Teigplatte belegen. Diese mit etwas Marmelade bestreichen und mit Punschglasur überziehen.

Heimat Ungarn

Wir haben täglich drei Sprachen gesprochen

Emese Egyed ist pensionierte Lehrerin. Mehr als 20 Jahre lebte sie in Vorarlberg, ihren Lebensabend verbringt sie am ungarischen Balaton. Ihre Tochter Sharika (links) lebt in Wien.

Am einfachsten ist es, Emese Egyed in Wien zu treffen. Dort leben ihre drei Kinder Sharika, Bela und Emese. Es ist gar nicht so einfach, sich nationalitätenmäßig bei Emese zurechtzufinden. Die humorvolle Mittsechzigerin muss selbst darüber lachen.

Fädeln wir von vorne ein: Emese stammt aus Ossijek. Das ist eine Stadt in Kroatien, nahe der ungarischen Grenze an der Drau gelegen. Emeses Eltern waren evangelische Pfarrer und Angehörige der ungarischen Minderheit in Kroatien. Evangelisch und ungarisch, das bedeutete doppelte Minderheit. Im Jugoslawien Titos sollten weder Religion noch Nationalität eine Rolle spielen. Für die ungarische Minderheit bedeutete das zwangsassimiliert zu werden. „Unsere ungarischen Namen wurden zum Beispiel alle kroatisiert", erinnert sich Emese. Sie durfte studieren, wie auch ihre drei Geschwister, wurde als Mittelschulprofessorin für Kunstgeschichte und Malerei ausgebildet. Der Mann, den sie sich zum Bräutigam wählte, war nur einfacher Lehrer. „Meine Familie hat nur erlaubt, dass ich ihn heirate, wenn er auch studiert." Also finanzierte Emese ihrem Zukünftigen ein Lehramtsstudium. Danach musste ihr Mann zwei Jahre Militärdienst leisten und anschließend fast zwei Jahre auf einen Posten warten. „Wir hatten damals schon drei Kinder und nur eine winzige Wohnung." Als ihr Mann doch als Lehrer in einer Dorfhauptschule angestellt wurde, strichen die staatlichen Stellen die Kinderbeihilfe. „Das war eine Schikane, weil wir zur ungarischen Minderheit gehörten." 1972 sahen die beiden für sich in Jugoslawien keine wirtschaftliche Zukunft mehr. „Wir haben nie gesagt, dass wir Jugoslawen sind, wir sind Ungarn."

Eine Wiener evangelische Gemeinde hatte sich immer um die ungarischen Gemeinden in der jugoslawischen Diaspora gekümmert. Bei einem Besuch des Wiener Pfarrers trug Emese ihren Wunsch vor, im Ausland zu arbeiten, um die Existenz der Familie aufzubessern. „Wir waren so arm. Wir wollten fünf, sechs Jahre im Ausland arbeiten, um Geld für ein Haus in Ossijek zu verdienen."

Im September 1972 begann Emese wieder das Schuljahr an ihrer Stammschule. Mitte September traf plötzlich ein Eilbrief aus Wien ein. Der Inhalt: In Vorarlberg werden Lehrer gesucht, die jugoslawische Gastarbeiterkinder in Serbokroatisch unterrichten. Zusage bis Anfang Oktober nötig. „Mein Mann und ich haben nicht lange überlegt, die Kinder bei meiner Mutter in Ossijek untergebracht, haben die Koffer gepackt und sind nach

Vorarlberg gefahren." So begann ein völlig neues Leben. Die kleine Sharika durfte bald nachkommen und in Vorarlberg den Kindergarten besuchen. Emese und Bela blieben noch zwei Jahre in Kroatien. „Wir mussten in Vorarlberg erst eine größere Wohnung finden, wo wir alle Platz hatten."

Als die beiden Kinder endlich nachkommen konnten, lernten sie sehr schnell Deutsch, Sharika vor allem von den Töchtern des evangelischen Pfarrers in Vorarlberg. Der Pastor war gebürtiger Pole, seine Frau stammte aus der Steiermark. Sharikas Deutsch war bei diesen Lehrern ohne Vorarlberger Akzent. „Das haben mir meine Vorarlberger Mitschüler später manchmal als Hochmut ausgelegt."

„Ich war lieber in Vorarlberg Ausländerin als in Jugoslawien", lacht Emese Egyed. „Für uns war das eine so große, schöne Freiheit, eine so religionsehrliche Gesellschaft." Die enge Einbindung in die evangelische Gemeinde in Vorarlberg machte der Familie die Integration nicht schwer. „Ich habe etwas länger gebraucht, um Deutsch zu lernen. Aber mein Mann war ein richtiges Sprachtalent und sehr kontaktfreudig, wir fanden schnell Freunde." Wenn im Schrebergarten der Egyeds ein feuriges ungarisches Kesselgulasch aufgesetzt wurde, ging es lustig her – und das in mehreren Sprachen. „Mit unseren Schülern haben wir Serbokroatisch gesprochen, mit unseren Kollegen Deutsch und mit unseren Kindern Ungarisch." In Vorarlberg war das Zusammenleben der ungarischen, kroatischen und serbischen Jugoslawen einfach. Erst als der Bruderkrieg in Jugoslawien wütete, wollten serbische, kroatische und bosnische Kinder in Vorarlberg getrennt unterrichtet werden.

Alle Mitglieder der Familie Egyed sind längst österreichische Staatsbürger. Sharika sagt von sich: „Ich bin eine Wienerin." Sie arbeitet als Grafikerin, ihre Schwester Emese ist Architektin in Wien, ihr Bruder Bela Informatiker.

Nach der Pensionierung kaufte sich das Ehepaar Egyed am Balaton, dem Plattensee, in Ungarn ein kleines Haus. „Unsere Kinder leben in Wien, unsere Eltern in Ossijek. Vom Balaton ist es zu beiden Orten gleich weit." Seit vier Jahren ist Emese Egyed Witwe. In ihrem Haus am Balaton hat sie Zimmer, die sie gerne an Feriengäste vermietet. „Sie müssen mich unbedingt besuchen, dann machen wir Gulasch", lacht Emese zum Abschied. Es ist nicht weit von Wien zum Balaton.

Aus Emeses Rezeptbuch

Gefüllte Gans

50 dag gemischtes Faschiertes
etwas Öl
16 El Semmelbrösel
8 Eier
Petersilie
Salz
Pfeffer
etwas Suppenwürze
1 kleine Zwiebel
einige Knoblauchzehen
1 küchenfertige Gans
Speck
Butter
Sauerrahm

Das Faschierte in Öl anrösten, die Semmelbrösel in Öl bräunen. Brösel und Faschiertes mischen und mit Eiern binden. Mit Petersilie und den übrigen Gewürzen abschmecken. Die fein gehackte Zwiebel und den zerdrückten Knoblauch einmengen.

Die Gans innen und außen salzen und pfeffern, den Hals zunähen. Die Haut mit den Händen anheben und die Fülle löffelweise unter die Haut schieben. Übrige Fülle in den Bauch der Gans füllen.

In einen Bräter Speckstreifen sowie etwas Butter legen. Die Gans aufsetzen und im vorgeheizten Rohr bei 160 bis 180 Grad zirka zwei bis drei Stunden braten.

Wenn sie an der Oberseite zu stark bräunt, mit Alufolie abdecken. Nach Wunsch kann man etwas Sauerrahm oder Wasser angießen. Wenn die Gans gar ist, noch etwas im Rohr lassen und wenden, damit sie von allen Seiten bräunt. Als Beilage serviert man zum Beispiel Kartoffelsalat oder Kartoffelpüree.

Ungarisches Fischgulasch

(4 Portionen)

4 große Zwiebeln
4 lange grüne Paprika
4–5 Tomaten
4–5 Tl Paprikapulver
Salz
1 Pfefferoni
1,5–2 kg Fisch (Karpfen)

Die Zwiebeln klein schneiden, Paprika in Streifen, die Tomaten in Schnitten schneiden. Alles zusammen in einem großen Topf mit Wasser bedeckt zustellen, auf großer Flamme zirka eine halbe Stunde dünsten. Dann das Feuer reduzieren, Paprikapulver, Salz und den klein geschnittenen Pfefferoni einrühren.

Fisch putzen, in Stücke schneiden, salzen und zirka 20 Minuten ziehen lassen. Dann die Fischstücke zum Gemüsesud geben und auf größerer Flamme 20 Minuten kochen. Nicht mehr umrühren.

Die Fischsuppe serviert man mit Weißbrot und trockenem Weißwein.

Goldene Nockerl mit Weinchadeau

1,5 dag Germ
2 dl Milch
1/2 El Zucker
3 Eidotter
8 dag Butter
3 dag Staubzucker
40 dag glattes Mehl
1/2 P Vanillezucker
Saft und Schale einer halben Zitrone
1 Prise Salz
8 dag Kristallzucker
10 dag gemahlene Walnüsse

Chadeau:

3 dl trockener Weißwein
8 dag Zucker
etwas Zitronenschale
1 Stück Zimtrinde
3 Nelken
3 Eidotter

Für den Teig Germ in lauwarmer Milch mit Zucker verrühren und gehen lassen. Dotter mit etwas Butter und Staubzucker schaumig rühren, das Mehl löffelweise einrühren. Dann das

Dampfl dazugeben, außerdem Vanillezucker, Zitrone, eine Prise Salz und so viel lauwarme Milch zufügen, dass ein glatter, knetbarer Teig entsteht. Den fertigen Teig zudecken und gehen lassen.

Einen Löffel in die restliche geschmolzene Butter tauchen und aus dem Teig Nockerl ausstechen. Nüsse mit Kristallzucker vermischen, die Nockerl darin wenden und dann in eine Backform schlichten. Nochmals eine halbe Stunde gehen lassen. Im vorgeheizten Rohr bei 180 bis 200 Grad backen.

In der Zwischenzeit das Chadeau bereiten: Wein mit der Hälfte des Zuckers sowie Zitronenschale, Zimt und Nelken aufkochen. Vom Feuer nehmen. Dotter langsam in die Weinmischung einrühren und über Wasserdampf so lange schlagen, bis ein dicker Schaum entsteht.

Die fertigen Nockerl auf einem Teller mit Weinschaum anrichten.

Grießschnitten

Sirup:
3 El Zucker
5 El Wasser

Teig:
1 Ei
5 dag Butter
15 dag Zucker
40 dag Mehl (halb glatt, halb griffig)
1 P Backpulver

Fülle:
4 dl Milch
Zucker nach Geschmack
4 El Grieß
10 dag Butter
Saft und Schale einer Zitrone

Glasur:
20 dag Schokolade
4 El Zucker
etwas Butter
etwas Wasser

Für den Sirup Zucker in einem Topf bei kleiner Flamme karamellisieren, vom Feuer nehmen und auskühlen lassen. Dann vorsichtig erwärmen und mit Wasser mischen, bis eine Art Sirup entsteht. Auskühlen lassen. Für den Teig Ei, Butter und Zucker gut vermischen und schaumig rühren. Den leicht angewärmten Sirup dazugeben, Mehl und Backpulver einkneten. Den Teig in vier gleich große Stü-

cke teilen, jedes zu einer Platte auswalken. Das funktioniert am besten, wenn man die Unterseite eines Backblechs fettet und mehlt, den Teig darauf auswalkt und an den Rändern abschneidet.

Die Teigplatten nacheinander bei 180 Grad zirka zwölf Minuten backen. Achtung: Die Platten sind sehr dünn und zerbrechlich.

Für die Fülle Milch aufkochen, etwas Zucker einrühren, den Grieß langsam einrieseln und dann etwas abkühlen lassen. Die Butter zufügen, ebenso Saft und Schale einer Zitrone. Die Mischung leicht aufkochen. Nun die Fülle zwischen die einzelnen Teigplatten streichen, die oberste Teigplatte mit Schokoglasur überziehen.

Für die Schokoglasur Schokolade mit Zucker, etwas Butter und Wasser schmelzen. Erkaltet in Schnitten oder Würfel schneiden.

Am besten schmecken die Grießschnitten nach fünf Tagen kühler Lagerung.

Falscher Honigkuchen

8 El Zucker
3 dl Wasser
8 Eidotter
40 dag Zucker
8 Eiklar
50 dag Mehl
1 P Backpulver
Schale und Saft einer Zitrone
eventuell Zimt
1 El Kakaopulver

Zucker karamellisieren und mit Wasser aufkochen, abkühlen. Dotter und Zucker schaumig rühren, den lauwarmen Zuckersaft einrühren. Mehl mit Backpulver mischen und löffelweise mit Zitronensaft und -schale unterziehen. Eiklar zu steifem Schnee schlagen und vorsichtig einarbeiten.

Die Masse in eine Auflaufform füllen und im vorgeheizten Rohr langsam bei 180 Grad backen. Will man den Kuchen brauner, kann man etwas Zimt und Kakaopulver einrühren. Erkaltet in Würfel schneiden.

Heimat Weißrussland

Ich will die Menschen nehmen, wie sie sind

Aksana Huber, 34, gebürtige Weißrussin, verheiratet und Mutter von Kevin, 9, und Timon, 7. Sie lebt seit 1990 in Aurolzmünster, Oberösterreich.

„Österreich ist wie für mich zugeschnitten“, meint Aksana Huber lachend. „Das Leben ist einfacher und geregelter als in Weißrussland. Man muss nicht dauernd Kontakte pflegen, um das Lebensnotwendige zu bekommen.“ In ihrer Heimat Weißrussland ist das – noch immer – etwas anders. „Meine Mama war früher Chefin eines staatlichen Restaurants. Dadurch haben wir vieles leichter bekommen, weil sie viele Beziehungen hatte.“ Aksana und ihren drei Brüdern hat es an nichts gemangelt in der Heimatstadt Slobin im Süden Weißrusslands. Dort hat die oberösterreichische Voest-Alpine ein großes Stahlwerk gebaut. Einer der österreichischen Ingenieure war Karl Huber. Er freite um die damals 22-jährige Aksana und sie war gleich bereit mit ihm zu gehen. „Ich war jung und neugierig auf ein anderes Land." Der Umstieg in das Leben im kleinen Innviertler Ort Aurolzmünster war nicht ganz einfach. „Mit den Vereinen und Gemeinschaften komme ich nicht ganz klar, da kann ich mich nicht so integrieren." Sie hat ihren Bedarf an Gruppenzugehörigkeit schon in Weißrussland gedeckt, wo es mehr oder weniger Pflicht war, in den Jugend- und Sportorganisationen der Partei mitzumachen.

Der Vergleich Weißrussland-Österreich fällt bei Aksana Huber ausgewogen aus. Sie versteht nicht, dass so viele Österreicher über ihr Leben in Freiheit und Wohlstand jammern. Feiern, meint sie, würden die Weißrussen öfter und ausgelassener. „Da wird gesammelt für die letzte Flasche Wodka." Im Alltag seien ihre Landsleute allerdings ernster. „Ich war ganz erstaunt, als ich in Österreich in einem Geschäft angelächelt wurde und in den Ämtern Menschen freundlich waren. Bei uns ist man umso ernster und unfreundlicher, je höher man in der Hierarchie steht." Mehr als die Österreicher sei sie mit einer „Mission" großgezogen worden: Die Jugend im Kommunismus schafft eine neue, eine bessere Welt. „Auf politische Bildung wurde bei uns besonderer Wert gelegt." Diese Bildung war erstaunlich differenziert. Das zeigt sich am Beispiel des Zweiten Weltkriegs. Weißrussland war jenes Land, das durch den Vormarsch der deutschen Truppen auf Russland besonders arg zerstört wurde. Viele weißrussische Zivilisten wurden Opfer von Verbrechen der Wehrmacht. Dennoch bekam Aksana keinen Hass auf „die Deutschen" anerzogen. „Bei uns wurde immer klar unterschieden zwischen Deutschen und deutschen Nationalsozialisten und Kriegsverbrechern." Fast ist man etwas beschämt, wenn man an die groben Klischees über „die Russen" denkt, die Generationen von Österreichern anerzogen bekamen.

Im Land des kommunistischen Fortschritts zählte Religion zu den altmodischen Resten. Aksana wurde, typisch für viele Weißrussen, von der Großmutter heimlich zur Taufe gebracht. Bis zum Schuleintritt ging sie mit der Großmutter auch öfter zur Kirche, dann scheute sie es, dafür von den Klassenkameraden verlacht zu werden. „Der Glaube ist in mir geblieben, aber er ist etwas sehr Persönliches." Ihre beiden Söhne sind römisch-katholisch getauft, aber, meint Aksana, „für den Glauben kann sich jeder nur selbst entscheiden".

Seit Aksana Huber in Österreich lebt, geht sie keinem Beruf nach. Langsam drängt es die gelernte Maßschneiderin aber zur Rückkehr in die Arbeitswelt. Seit einiger Zeit arbeitet sie ehrenamtlich im Frauenbildungszentrum der Katholischen Frauenbewegung in Ried im Innkreis mit. Immer wieder studiert sie Weiterbildungsprogramme. „In Weißrussland sind Frauen viel emanzipierter gewesen als in Österreich. Dort hat der Beruf einfach einen höheren Stellenwert für Frauen."

Einmal im Jahr verbringt Familie Huber Ferien in Weißrussland. Für ihre Kinder Gelegenheit mit den weißrussischen Großeltern zusammen zu sein und die Sprache zu erlernen. Aksana hingegen ertappt sich manchmal dabei, schon wie eine Fremde auf ihre Landsleute zuzugehen. „Als ich das erste Mal daheim freundlich grüßend in ein Geschäft gegangen bin und mich alle erstaunt angesehen haben, wusste ich, dass ich nicht mehr ganz dazugehöre."

Süße Rezepte aus Weißrussland

Weißrussische Nusstorte

Teig:
1 Ei
12 dag Zucker
3 El Butter
3 El Honig
etwas Salz
50 dag Mehl
1/2 Tl Soda

Karamellcreme:
1/2 l Milch
20 dag Zucker
1 El Vanillezucker
6 dag Karamellpuddingpulver
20 dag Butter

Walnüsse zum Bestreuen

In einem kleinen Gefäß Ei, Zucker, Butter, Honig und Salz mischen und auf kleiner Flamme langsam schmelzen. Vom Feuer nehmen, Mehl und Soda einrühren und zu einem dicklichen Brei verrühren. Den Teig in sieben bis acht Teile teilen und über Dampf warm halten. Aus Backpapier kreisrunde Formen ausschneiden, auf ein Blech legen und nacheinander die einzelnen Teigteile darauf ausrollen. Im vorgeheizten Rohr sechs bis sieben Minuten bei 180 Grad goldbraun backen.

Inzwischen die Karamellcreme zubereiten: Zwei Drittel der Milch mit Kristall- und Vanillezucker aufkochen. Ein Drittel der Milch kalt mit Puddingpulver anrühren, zügig in die kochende Milch einrühren, nochmals aufwallen lassen. Vom Feuer nehmen, erkalten lassen und passieren. Die Butter schaumig rühren, den Pudding beigeben und kurz glatt rühren.

Ein Teigblatt mit Creme bestreichen, das nächste draufsetzen und den Vorgang mit allen Teigblättern wiederholen. Das letzte Blatt mit gerösteten, grob gehackten Nüssen bestreuen.

Variante: Statt der kreisrunden Blätter kann man auch eckige Blätter für Nussschnitten backen.

Kekse Belorusskie

20 dag Zucker
1/16 l Milch
35 dag Butter
1,5 g Speisesoda
1 Prise Salz
1 P Vanillezucker
35 dag Mehl
50 dag Marmelade (Apfel oder Marille)

Zucker in der Milch auflösen, Butter, Soda, Salz und Vanillezucker zufügen. Zutaten gut abrühren, Mehl zum Schluss unterheben. Kleine Häufchen auf das Blech spritzen und in die Mitte jedes Häufchens einen großen Tropfen Marmelade setzen. Bei 180 Grad im vorgeheizten Rohr goldgelb backen.

Wir haben lange nichts von der Welt gewusst

Ruta Fischer wuchs in Litauen auf und hat 1976 einen Österreicher geheiratet. Sie ist Mutter einer erwachsenen Tochter und Präsidentin der Österreichisch-litauischen Gesellschaft.

Ruta war die Achte von zwölf, die achte junge Frau in ihrem Heimatort, die einen Österreicher geheiratet hat. Ruta war 25 Jahre alt, im Büro der örtlichen Bank angestellt. Ihr Mann kam als Monteur einer österreichischen Maschinenbaufirma. Ruta folgte ihm nach Österreich und lernte ein ganz anderes Leben kennen. „Ich bin in einer Familie mit vier Kindern aufgewachsen. Wir hatten eine kleine Wohnung im Haus unserer Großeltern. Da war immer jemand da, man war nie allein." Man lebte in der Großfamilie und sehr eng mit den Nachbarn zusammen. „Wenn einer neue Schuhe bekommen hat, haben es alle gewusst." Im System der staatlichen Planwirtschaft seien alle arm gewesen, da habe man keine Ungleichheit gespürt. „Wir waren jung und haben gar nicht gewusst, was Freiheit ist."

Nach der Heirat fand sie sich mit ihrer neu geborenen Tochter Elvira in einer schönen Eigentumswohnung in Wien wieder. Allein, ihr Mann war weiter auf Montage im Ausland. Sie lebte ohne Familie und mit viel Heimweh. „Bei uns konnte man einfach zu den Nachbarn gehen und anläuten. Ich musste erst lernen, dass man hier extra eingeladen werden muss. Ich hatte nun materiell vieles, konnte mich aber gar nicht darüber freuen, weil ich niemand hatte, mit dem ich die Freude teilen konnte." Ende der 1970er Jahre mussten Telefongespräche nach Osteuropa noch im Fernmeldeamt angemeldet werden. Den intensivsten Heimatkontakt hatte Ruta, wenn sie im Sommer für drei, vier Wochen in die Ferien nach Litauen fuhr. Damals musste sie dafür eine langwierige 24-stündige Zugfahrt antreten, heute fliegt man von Wien nach Vilnius in eineinhalb Stunden.

Wer kannte damals in Österreich überhaupt Litauen? „Außer ehemaligen Kriegsteilnehmern keiner." Litauen, das mit Estland und Lettland zum Verband der baltischen Staaten gehört, ist ein kleines, dreieinhalb Millionen Einwohner zählendes Land. Nahezu eine halbe Million Litauer lebten im Ausland. Seit dem Ende des Kommunismus steigt die Zahl derer, die sich im wirtschaftlich besser entwickelten Westen eine Chance suchen.

Ruta Fischer stammt aus dem Südosten Litauens, jenem Zipfel des Landes, der an Polen und Weißrussland grenzt. Eine arme Gegend, wo es früher außer Wäldern, Pilzen und Beeren kaum Lebensgrundlagen gab. Die sowjetische Planwirtschaft schuf Abhilfe und baute in Rutas Heimatort zahlreiche Fabriken. So gab es eine Fabrik, in der Baumwolle aus Kasachstan verarbeitet wurde. In einer Fleischfabrik, bei der Erzeugung von Radios, Kühlschränken, Fertigteilhäusern, Fenstern und Parkettböden fanden viele einen guten Arbeitsplatz. Die Einwohnerzahl wuchs binnen kurzem von 10.000 auf 70.000.

Viele dieser Fabriken sind heute zugesperrt. Der sowjetische Markt existiert nicht mehr und ein neues Wirtschaftssystem konnte sich noch nicht etablieren. „Besonders für die über 50-Jährigen ist es sehr schwer, sich auf die neuen Zeiten umzustellen. Die Jüngeren haben es da wesentlich leichter. Meine 15-jährige Nichte weiß nicht einmal mehr, wer Lenin war.“ Pensionisten plagen sich in Litauen mit dem Überleben. Mit durchschnittlich 60 Dollar Rente lassen sich Lebensunterhalt und vor allem die Heizkosten kaum finanzieren. „Ich helfe meiner Familie, wo ich kann“, sagt Frau Fischer.

Gelegentlich begleitete Ruta ihren Ehemann auf Baustellen im Ausland. Von 1981 bis 1984 lebte sie mit ihm in Algerien. Die Zeit im Camp hat sie in angenehmer Erinnerung. „Wir Frauen haben viel miteinander gemacht, wir haben auf engem Raum zusammengelebt.“ In dieser Zeit, meint sie, sei sie als „Ehefrau gereift und selbstbewusster“ geworden. Zurück in Wien begann die Einschulung ihrer Tochter. Dadurch entstanden neue Aufgaben und Kontakte. Elvira erwies sich als sehr sportlich, wurde eine ausgezeichnete Schwimmerin, die Österreich sogar zweimal bei Olympischen Spielen vertreten hat. Momentan studiert sie in Amerika, ihr Berufswunsch ist Ärztin.

Ruta begann in Wien Kontakte zu pflegen, weniger mit Wienerinnen als mit Frauen, die auch als Ausländerinnen einen Österreicher geheiratet haben. Durch ihre Verbindungen mit Litauern in Wien entstand die Idee eine österreichisch-litauische Gesellschaft zu gründen. Der Vater der bekannten Fernsehjournalistin Danielle Spera, der beruflich im Eisenbahnbereich tätig und in engem Kontakt mit Litauen war, gab den Anstoß.

Die Arbeit der Gesellschaft macht im Wesentlichen Ruta. Da gilt es „Baltische Wochen“ zu organisieren oder litauische Reisegruppen in Wien zu führen. Einmal werden litauische Studenten in Österreich begleitet, dann stehen wieder Feste am Programm. „Die Litauer feiern sehr gern, sobald drei beisammen sind, fangen sie schon zu singen an“, erzählt Ruta lachend.

Die litauische Identität ist sehr eng mit der litauischen Sprache verbunden. Sie ist die älteste gesprochene indogermanische Sprache. In der Sowjetzeit war Russisch als Staatssprache vorgeschrieben. „Filme durften nicht auf Litauisch synchronisiert werden“, erinnert sich Ruta. Die Litauer hätten sich in vielem einfach angepasst, um keine Scherereien mit den Russen zu haben, aber das russische System nie zu dem ihren gemacht. Heute sind die 30 Prozent Russen, die noch in Litauen leben, im Nachteil. Sie sprechen kein Litauisch und den Litauern kommt nur mehr selten ein russisches Wort über die Lippen.

Seit Litauen im Vorjahr bei der Buchmesse in Frankfurt Schwerpunktland war, gibt es im Westen zumindest vage Vorstellungen von der Literatur im Baltikum. „Unsere Sprache eignet sich sehr gut für Lyrik.“ Und für Geschichten über Wald- und Wassergeister. „Das Wort Litauen kommt vom Wort Regen. Bei uns regnet es viel und das Meer spielt eine große Rolle.“

Der Name Ruta bezeichnet übrigens eine Pflanze, eine immergrüne Raute. Sie ist so etwas wie die litauische Nationalblume, die die Mädchen zu einem Brautkranz geflochten ins Haar stecken. Wenn Litauen sich nun mit der EU vermählt, wird es, davon ist Ruta Fischer überzeugt, seine Identität so wenig aufgeben, wie es das in der Sowjetunion getan hat.

Litauische Köstlichkeiten

Zeppelinai

(Kartoffelknödel)

(4 bis 6 Portionen)

Kartoffelteig:
4 kg mehlige Kartoffeln
1 Tl Zitronensaft
2 El Salz

Schweinefleischfülle:
60 dag leicht durchwachsenes Schweinefleisch
3 mittelgroße Zwiebeln
2 Eidotter
Salz
Pfeffer

Topfenfülle:
75 dag gut abgetropfter Speisetopfen (40 %)
2–3 El getrocknete Pfefferminze
2 Eier
Salz
1 Tl Zucker

Sauce:
40 dag durchwachsener Speck
1 El Öl
1 große Zwiebel
3 El Mehl
500 ml Sauerrahm

Kartoffeln schälen, 1 kg Kartoffeln im Salzwasser kochen, die restlichen roh reiben, in ein grobes Leinentuch geben und gut ausdrücken. Je trockener die geriebenen Kartoffeln werden, desto besser. Die austretende Flüssigkeit auffangen und die Hälfte der Kartoffelstärke, die sich am Boden des Gefäßes absetzt, wieder den Kartoffeln zufügen. Etwas Zitronensaft beimengen.

Gekochte Kartoffeln zerstampfen und mit geriebenen vermischen, gut kneten, bis der Teig nicht mehr an den Händen klebt.

Für die Schweinefleischfülle das Fleisch in kleine Würfeln schneiden, Zwiebeln fein hacken. Fleisch, Zwiebeln, Dotter, Salz und Pfeffer vermengen und durch die grobe Scheibe des Fleischwolfs drehen; abschmecken.

Für die Topfenfülle den Topfen gut abtropfen lassen und durch ein Sieb streichen. Zerriebene Pfefferminzblätter, Eier, Salz und etwas Zucker unterrühren.

Nun aus der Kartoffelmasse handgroße, etwa 1 cm dicke Scheiben formen, je einen Esslöffel beider Füllen darauf geben. Den Teig zusammenklappen und halbrunde Knödel formen. Auf ein bemehltes Brett legen. In einem großen Topf Wasser zum Kochen bringen, salzen und die Knödel vorsichtig einlegen. Im leicht siedenden Wasser ohne Deckel 20 bis 30 Minuten kochen.

In der Zwischenzeit die Soße bereiten: Speck in kleine Würfeln schneiden, in Öl anbraten, fein gehackte Zwiebel zufügen und mitrösten. Wenn die Zwiebeln glasig werden, das Mehl einrühren, mit Sauerrahm ablöschen, unter Rühren kurz aufkochen, mit wenig Salz würzen und zirka fünf Minuten köcheln lassen.

Knödel und Soße gemeinsam servieren.

Saltibarsciai

(Kalte Suppe)

(4 Portionen)

2 hart gekochte Eier
1 Tasse Schalotten
Salz
2 gekochte Rote Rüben
1 frische Salatgurke
10 dag Sauerrahm
1 l Buttermilch
1 Tasse Wasser
8 Kartoffeln
1/2 El Butter
8 Zweige Dill

Dotter fein hacken und mit ebenfalls fein gehackten Schalotten und Salz vermischen. Rote Rüben würfeln, Gurke fein würfeln, mit fein gehacktem Eiklar, Sauerrahm, Buttermilch und Wasser den Dottern zufügen. Gut vermischen und kalt stellen.

Kartoffeln kochen und schälen, in Butter schwenken, mit gehacktem Dill bestreuen. Die Kartoffeln zur Suppe servieren.

Jautienos Suktinukai

(Rindsrouladen)

(4 Portionen)

50 bis 60 dag Rindsschnitzel
Salz
Pfeffer
Mehl
Fett
1/2 l Rindsuppe oder Wasser
2 El Sauerrahm

Fülle:
6 dag Schwarzbrot
6 dag Speck
2 Zwiebeln
Öl
1 hart gekochtes Ei
1 El gehackte Petersilie
Salz, Pfeffer

Für die Fülle Brot und Speck in kleine Würfeln schneiden, mit den klein geschnittenen Zwiebeln zusammen in etwas Öl anbraten. Vom Feuer nehmen und mit gehacktem Ei, Petersilie, Salz und Pfeffer gut vermischen.

Rindsschnitzel dünn ausklopfen, salzen und pfeffern. Die Fülle auf den Schnitzeln verteilen, zusammenrollen, mit Zahnstochern fixieren und in Mehl tauchen. Fett erhitzen, Rouladen darin von allen Seiten anbraten. Mit Suppe oder Wasser aufgießen und 30 bis 40 Minuten dünsten. Soße mit Sauerrahm und Mehl binden und nochmals abschmecken.

Zuvies Frikadeles

(Hechtlaibchen)

(8 bis 10 Portionen)

1,2 kg Hechtfilet
2 mittelgroße Zwiebeln
1 Knoblauchzehe
40 dag frischer Speck
2–3 Eidotter
Salz
Pfeffer
Öl

Soße:
20 dag geräucherter Speck
2 Zwiebeln
2 El Öl
Salz
Pfeffer
1 El Mehl
200 ml Milch

Hechtfilet zweimal durch den Fleischwolf drehen, zuerst mit einer groben, dann mit einer feinen Scheibe. Zwiebeln und Knoblauch schälen und zusam-

men mit dem Speck ebenfalls durch den Fleischwolf drehen. Hecht- und Speckmasse vermischen, Dotter, Salz und Pfeffer einrühren. Mit feuchten Händen Laibchen formen. Öl erhitzen und darin die Laibchen bei mittlerer Hitze auf jeder Seite zirka fünf Minuten braten.

Für die Soße den Speck und die Zwiebeln fein schneiden und auf kleiner Flamme in Öl anbraten. Wenn die Zwiebeln glasig werden, salzen, pfeffern, mit Mehl stäuben und die Milch zugeben. Unter Rühren aufkochen und fünf Minuten auf kleiner Flamme weiter köcheln.

Die Laibchen mit Soße, Salzkartoffeln oder Brot servieren.

Heimat Bulgarien

Spätestens in der Rente fahren wir zurück – oder auch nicht

Margarita Deltcheva, Jahrgang 1956, ist Bulgarin und lebt seit 1993 in Salzburg. Die ausgebildete Germanistin hat beruflich schwere Zeiten hinter sich und hofft auf bessere Chancen für ihre beiden Kinder.

„Alle aus meiner Klasse sind in alle Winde zerstreut, von Kanada bis Shanghai. Und ich bin in Salzburg gelandet." Margarita Deltcheva lacht, wenn sie das erzählt. Ihr dynamisches, optimistisches Wesen war wohl nicht ganz unwichtig, dass sie heute noch in Salzburg lebt. Sechs Jahre war Margarita arbeitslos. Trotz einiger Angebote erhielt sie nie eine Arbeitsbewilligung. Vor einem Jahr hat sie endlich eine Stelle bekommen. In einem großen internationalen Hotel ist sie halbtags dafür zuständig, die Arbeit des weitgehend ausländischen Zimmerpersonals zu kontrollieren und auf Standard zu halten. „Es ist kein

Traumjob, aber ich bin zufrieden. Vor allem fühle ich mich, seit ich Arbeit habe, nicht mehr so fremd und mehr zugehörig." 1993 war Frau Deltcheva als Lektorin für Germanistik von Bulgarien an die Universität Salzburg engagiert worden. Drei Jahre währte der Vertrag. In der Zwischenzeit war ihr Mann, ein gelernter Autotechniker, nachgekommen. Er fand Arbeit, die Kinder wurden in Österreich eingeschult. Also blieb die Familie. „Vor allem der Kinder wegen, denn die schulischen Chancen, die sie hier haben, hätten sie in Bulgarien momentan nicht."

Bildung, Wissen, das ist das Kapital, das auch Margarita auf ihren Lebensweg mitbekommen hat. Wer in Bulgarien ausgezeichnete Noten hatte, und sie gehörte dazu, dem standen Eliteschulen offen. Margarita wurde im Deutschen Gymnasium aufgenommen. Mit Lehrern aus der DDR, dem bulgarischen Bruderstaat, durch zahlreiche Exkursionen und Stipendien in Ostdeutschland vervollkommnete Margarita ihre Deutschkenntnisse. „Von 56 Schülern unseres Jahrganges sind 54 Akademiker geworden." Margarita schloss ein Germanistikstudium in Sofia ab und kam erst einmal als Lehrerin an ein Gymnasium. „Unsere Ausbildung wurde vom Staat großzügig gefördert, aber wir mussten nach dem Studium den Arbeitsplatz annehmen, den wir zugewiesen bekamen." Drei Jahre lange mussten die Jungakademiker auf Posten bleiben, auf die sie der Staat verfügte, erst dann konnten sie sich selbst eine Stelle suchen. „In diesen ersten drei Berufsjahren wurden auch alle Akademiker gleich bezahlt, egal ob Lehrer, Arzt oder Richter." Margarita wurde nach den drei Jahren Assistentin an der Universität.

„Wir haben den Kommunismus nicht so ernst genommen", sagt sie heute. „Was Karl Marx dachte, war logisch, aber die sozialistische Wirklichkeit war anders." Bulgarien hatte in den

1940er Jahren ein faschistisches System, das mit den Nazis kollaborierte. Folgerichtig setzten sich nach dem Krieg die Partisanen, die gegen das System gekämpft hatten, durch und gründeten eine sozialistische, antifaschistische Republik. „Diese erste Generation waren Idealisten. Die nächste hat dann diese Ideale verraten und mehr an den eigenen Vorteil geglaubt." Die Zeit des Aufwachsens prägte: „Man ist im Kommunismus als Gemeinschaftsmensch erzogen worden. Solidarität und gegenseitige Hilfe waren selbstverständlich." Doch im Weltbild zeigten sich bald Risse: „Ich konnte immer deutschsprachige Zeitungen lesen, daher wusste ich auch, dass unser System eine Fiktion ist." Nach außen hin hätten Solidarität und Gleichheit geherrscht, doch tatsächlich hätte der Parteisekretär alles bestimmen können.

Margarita versucht nüchtern zu sein, wenn es um die Geschichte ihrer Heimat geht. „Früher waren wir unzufrieden mit dem Sozialismus, aber wir haben vieles nicht gesehen, was selbstverständlich war." Sie vergleicht. „Wir haben einfach eine große soziale Sicherheit gehabt. Heute haben meine Eltern je 60 Dollar Pension. Damit können sie nicht einmal die Heizkosten bezahlen. Gott sei Dank haben viele Bulgaren eine Eigentumswohnung, aber sie frieren und hungern. Ohne Datscha am Land, wo Gemüse angebaut wird, könnten viele nicht überleben." Für den Schulbesuch müsse man in Bulgarien heute bezahlen, viele große Firmen seien an die früheren Direktoren privatisiert und dann zugesperrt worden.

„Wir haben in Bulgarien nicht schlecht gelebt. Wir hatten ein Haus, ein Auto, ein Ferienhaus in den Rodopen." Margaritas Mann leitete eine Autowerkstatt. Ein wichtiger Mann, denn Ersatzteile waren in der realsozialistischen Planwirtschaft Mangelware und wer sie besorgen konnte, durfte auf zahlreiche Vergünstigungen zählen.

Als sich 1990 auch in Bulgarien der Zusammenbruch des Kommunismus ankündigte, entspannen sich bei Familie Deltchev heftige Diskussionen. „Ich bin zu den Demonstrationen gegangen und habe gesagt: Dieses System ist überholt. Mein Mann hat immer noch an die Reformierbarkeit geglaubt. Sein Vater war Partisan gewesen, mit dem Kommunismus verband sich viel Herzblut."

In Österreich wollte Margaritas Mann zu Beginn nicht bleiben, lernte die deutsche Sprache nur sehr schwer und hatte Mühe einen dauerhaften Arbeitsplatz zu finden.

Die Kinder Marina, 18, und Ivan, 15, lebten sich leichter ein. Marina lernte schnell die deutsche Sprache. Doch als Ausländerin fühlte sie sich lange nicht von ihren Mitschülern akzeptiert. „Das Salzburger Pflaster ist für Ausländer besonders hart", meint Margarita. Sohn Ivan wurde noch in Bulgarien geboren. Damals, Ende der 1980er Jahre, war die Versorgungslage schon sehr schlecht. „Wir konnten kaum Kartoffeln und Butter bekommen, um ihm einen Brei zu machen." Die Familie wohnte im 5. Stock eines Hochhauses, nur einmal am Tag gab es für zwei Stunden elektrischen Strom.

In die Wende weg vom Kommunismus setzten viele Bulgaren ihre Hoffnung. Doch die Erfahrung zeigte, dass „eine Gesellschaft, die nach Plan gelaufen war, plötzlich nicht mehr funktionierte". Die Enttäuschung vieler war groß. Mittlerweile haben Hunderttausende Bulgaren ihre Heimat verlassen, vor allem die besser Gebildeten.

Bulgaren sind die Deltchevs bis heute geblieben. „Mich stört, dass wir die bulgarische Staatsbürgerschaft aufgeben müssten, um die österreichische zu bekommen. Das bringt eine innere Kollision, auch für die Kinder." Die Ferien verbringt Familie Deltchev in Bulgarien und bis vor kurzem meinten die Kinder noch, sie würden jedenfalls mit einer guten Ausbildung nach Bulgarien zurückgehen. Doch nun hat Tochter Marina einen österreichischen Freund. „Wie es weitergeht? Wir werden sehen.“ Die Österreicher bräuchten sehr lange, bis sie Interesse an Ausländern entwickeln, hat Margarita festgestellt. „Manchmal wünsche ich mir, dass die Leute hier auch einmal so etwas erleben wie wir. Viele haben Vorurteile und wissen es gar nicht.“

Traditionelle Speisen aus Bulgarien

Pita mit Glücksmünze

1 kg Mehl
1 P Backpulver
300 ml lauwarmes Wasser
Salz
eine Münze

Das Mehl mit Backpulver vermischen, in der Mitte eine Vertiefung machen, da hinein Salz und Wasser geben und alles zu einem festen Teig verkneten. Der Teig wird zu einer runden Pita (Fladen) geformt, in die eine Glücksmünze gesteckt wird. Bei zirka 180 Grad backen.

Überbackene weiße Bohnen

50 dag Bohnen
50 dag Zwiebeln
100 ml Öl
eine Prise scharfes Paprikapulver
krause Minze
Salz

Die Bohnen werden über Nacht in Wasser eingeweicht und im Einweichwasser am nächsten Tag weich gekocht. Das Wasser ungefähr zur Hälfte abgießen und die Bohnen in eine Backform geben. Zwiebeln fein schneiden, andünsten und zusammen mit den Gewürzen und dem Öl zu den Bohnen geben. Alles gut verrühren und so lange backen, bis das Wasser verdunstet und nur mehr das Öl übrig ist.

Oschaf

Dörrobst (Pflaumen, Äpfel, Birnen, Marillen)
Honig oder Zucker

Dörrobst über Nacht in Wasser einweichen. Das Wasser in der Früh in einen Topf abseihen und darin die Früchte weich kochen. Das fertige Kompott mit Honig oder Zucker süßen.

Vegetarisch gefüllte Weinblätter

1 Zwiebel
250 ml Öl
25 dag Reis
2,5 dag Rosinen
Salz
Petersilie
Bohnenkraut
5 dag eingelegte Weinblätter

Die Zwiebel fein hacken und in Öl andünsten, den Reis und ein Glas Wasser zufügen. Den Reis gar dünsten und dann auskühlen lassen. In den Reis nun Rosinen, Salz, Petersilie und Bohnenkraut mischen. Auf jedes Weinblatt einen Teelöffel Reis geben und eindrehen. Die Wickler dicht nebeneinander in einen Topf geben, mit Wasser übergießen und mit einem Teller beschweren. Die Wickler werden auf kleiner Flamme gar gekocht und anschließend kalt serviert.

Gekochter Weizen

50 dag Weizen
20 dag Zucker
5 dag Walnüsse
1 dag Zimt
Semmelbrösel

Der gut gewaschene Weizen wird weich gekocht und anschließend abgeseiht. Abkühlen lassen und mit den übrigen Zutaten vermischen. In eine Schüssel füllen und obenauf in den Brei ein Kreuz zeichnen, das mit Zimt bestreut wird.

Die Österreicher sind Balkanier, zumindest ehemalige

Rusitsa Palina Nemec ist 45, gebürtige Bulgarin und lebt mit ihrem österreichischen Ehemann und ihrem Sohn aus erster Ehe in Wien.

„Tautröpfchen", so übersetzt man den Namen Rusitsa aus dem Bulgarischen. Diesen Namen will sie nicht mehr. Rosie rufen sie in Wien alle, aber der Name ist ihr verhasst.

Ihre Großmutter hieß Nadesta. Diese mochte ihren Namen auch nicht. Daher brach sie mit der Familientradition, die vorsah, dass die Enkelin den Namen der Großmutter bekommen sollte. Die Enkelin sollte es leichter haben im Leben. „Großmutter war mit 14 gegen ihren Willen verheiratet worden, hat zwei Kinder bekommen und ist dann ihrem Mann davongelaufen. Sie wurde Krankenschwester und hat die Kinder bei ihrem Mann zurückgelassen."

Rusitsa heiratete mit 26 Jahren auf Drängen ihrer Mutter. „Ich wollte gar nicht. Aber es war in Bulgarien furchtbar, nicht verheiratet zu sein und keine Kinder zu haben." Trotz widriger gynäkologischer Prognose gebar Rusitsa vor 15 Jahren ihren Sohn Dobrijn. „Als er geboren wurde, war ich das erste Mal in meinem Leben glücklich. Dieses Gefühl hatte ich vorher nicht gekannt."

Dabei hatte es Rusitsa für bulgarische Verhältnisse mit ihrer Herkunftsfamilie nicht schlecht erwischt. Ihr Vater war General der bulgarischen Armee und Mitglied des Politbüros der bulgarischen kommunistischen Partei. Rusitsa wuchs privilegiert auf, konnte das Deutsche Gymnasium besuchen, in Weimar Architektur studieren, mit den Eltern ins westliche Ausland reisen – Italien, Griechenland. Rusitsa lernte den Kapitalismus, das Feindbild der kommunistischen Ideologie, früh kennen. „Ich war privilegiert, weil ich die Wirklichkeit des Westens kannte. Viele andere hatten nur ein Idealbild." Doch Politik interessierte sie wenig. Sie sei ein hübsches Mädchen gewesen. Nach dem Studium fiel ihr eine interessante Arbeit in einem großen Planungsbüro zu.

Doch dann kam die Wende, das Ende des bulgarischen kommunistischen Systems. Das Planungsbüro wurde aufgelöst. Rusitsa machte sich mit zwei Kollegen selbstständig und erlebte nun, wie schwer es ist Aufträge zu bekommen.

Ihr Mann, ein Künstler, reiste 1992 auf Einladung des Bulgarischen Kulturinstituts nach Wien. Rusitsa kam mit und da entstand die Idee, sie solle doch bleiben und hier Arbeit suchen. In einer Tageszeitung fand sich prompt ein passendes Inserat und schon am nächsten Tag konnte sie im Planungsbüro von Baumeister Richard Lugner zu arbeiten beginnen. Als nach zwei Monaten noch immer keine Arbeitsbewilligung in Sicht war, nahm Rusitsa den Lohn und fuhr zurück nach Bulgarien zu ihrem Sohn. Nun begann ein ständiges Pendeln zwischen Bulgarien und Österreich, einmal gab es Arbeit, dann wieder nicht. Die Ehe ging in die Brüche. Rusitsas Schwester, ebenfalls Architektin, fasste leichter in Österreich Fuß: „Sie ist eine gute Kapitalistin geworden." Rusitsa übersiedelte mit ihrem Sohn zu ihr, lernte ihren zweiten Mann kennen und führt nun vor allem ihm den Haushalt.

Während eines Krankenhausaufenthalts hat sie eine Maltherapie begonnen. Gelegentlich malt sie nun auch daheim und freut sich, wenn sie für ihre Werke Anerkennung findet.

Die Vergangenheit lässt sie indessen nicht ganz los. „Ich war der Meinung, man sollte die Wirtschaft in Bulgarien reformieren und nicht zerstören. Aber ich war mit meiner Meinung allein. Jetzt ist alles zerstört und etwas Neues ist nicht entstanden." Rusitsa versucht den Sozialismus zu verteidigen. „Im Westen kennt man den Sozialismus nur von Leuten, die Falsches erzählen." Sie erinnert sich: „In der Schule hat man gelernt, dass Kapitalisten die Leute ausbeuten, dass man nur reich werden kann, wenn man die Leute unterbezahlt."

Rusitsa will auch nicht zurück nach Bulgarien. „Die Leute hassen mich, wenn sie den Namen meines Vaters hören. Mich interessiert das nicht, mein Kind muss leben. Ich habe doch nichts gemacht."

Einen Vorteil sieht sie doch in ihrem Leben in Österreich. „Als ich zum ersten Mal nach Wien gekommen bin, dachte ich, hier ist es wie in Sofia. Hier merkt keiner, dass ich Ausländerin bin. Wir sind von der Mentalität sehr ähnlich." Die kulinarische Sehnsucht nach der Heimat stillt sie am Wiener Naschmarkt, wo es bulgarische Händler und bulgarische Lebensmittel gibt. „Wir Bulgaren brauchen unsere Lebensmittel wie die Luft zum Atmen." Schließlich waren die Bulgaren schon zu Zeiten der Donaumonarchie Meister des Gemüseanbaus. Viele Gemüsehändler wanderten nach dem Ende der Monarchie in Österreich ein und brachten unter anderem die Tomaten mit.

Typisch bulgarische Gerichte

Schoppischer Salat

Man schneidet Tomaten, Gurken und gebratene, geschälte Paprika in mundgerechte Stücke, gibt fein geschnittene Zwiebeln und Olivenöl dazu. Abschließend wird Schafkäse über den Salat gerieben.

Topfgerichte

In der bulgarischen Küche wird viel in Tontöpfen unterschiedlicher Größe (je nach Anzahl der Portionen) gekocht. Man kann die Rezepte nach Belieben variieren.

Variante 1: Geschälte Tomaten, Paprika, Käse, Salami und 1 Ei pro Person vermengen, würzen mit Salz, Pfeffer und Petersilie, in einen Tontopf füllen, mit dem Deckel verschließen und im heißen Rohr zirka 30 Minuten kochen.

Variante 2: Bohnen zuerst in Wasser sechs bis acht Stunden einweichen, dann mit Karotten, Paprika, Sellerie, Tomaten und einem angebratenen Schweinskotelett im Tontopf kochen.

Variante 3: 15 dag Pilze mit 5 dag Butter und einer gehackten Zwiebel anrösten. 10 dag Butter, 4 El Mehl und 30 dl Milch aufkochen, 25 dag geriebenen Käse einfügen. 2 Dotter dazugeben, 2 Eiklar zu Schnee schlagen und unterziehen. In den Tontopf zuerst die Pilze füllen, darüber die Soße. Mindestens 30 Minuten backen.

Kürbisstrudel

Einen mittelgroßen Kürbis fein reiben, nach Geschmack zuckern, ein Häferl fein gehackte Walnüsse und Olivenöl beifügen. Einen Blätterteig ausrollen, mit der Kürbisfülle belegen, mit etwas Öl bestreichen und zirka 40 Minuten backen.

Ich finde keine Unterschiede zwischen Österreichern und Slowenen

Manica Voglsam, Jahrgang 1946, ist seit sieben Jahren in Österreich verheiratet. Ihre drei Töchter und fünf Enkel leben in Ljubljana.

Viereinhalb Stunden ist Manica Voglsam eine Strecke mit dem Auto unterwegs, um von Hofkirchen im Traunkreis in die slowenische Hauptstadt Ljubljana zu gelangen. Dort erwarten sie eine eigene Wohnung, ihre drei Töchter und vier Enkel. Ljubljana bedeutet für Manica großstädtischeres Leben, während in Hofkirchen mit seinen 1.300 Einwohnern die dörfliche Kultur dominiert.

„Ich bin in der Heimat meines Mannes sehr gut aufgenommen worden. Sagen wir von 99 Prozent, nur von einem Prozent nicht, aber das schmerzt." Manica Voglsam hat es gekränkt, wenn jemand meinte: „Ach, du bist keine gewöhnliche Ausländerin!" Ein zweifelhaftes Kompliment. „Ich bin wie alle anderen." Sie kann es nicht ertragen, wenn ein ganzes Volk, ihr Volk, die Slowenen, die Ex-Jugoslawen, als „ein Volk von Straßenarbeitern abgestempelt wird".

Aus „Steierska" stammt Manicas Familie. Das ist jene Gegend 15 Kilometer südlich von Spielfeld, die unmittelbar an die Steiermark angrenzt. „Als ich als 9-Jährige das erste Mal in der Steiermark war, habe ich mich wie daheim gefühlt." Auch Deutsch wurde in ihrer Familie gesprochen, die Großmutter hatte noch eine deutsche Schule besucht. Die österreichisch-ungarische Monarchie hat Slowenien weit mehr geprägt als die relativ kurze Zeit des Tito-Kommunismus.

Josip Broz Tito war durch seine Eltern halb Slowene und halb Kroate. Sein Jugoslawien bündelte die Staaten von Slowenien über Serbien bis Mazedonien, die eine zum Teil ganz unterschiedliche Geschichte durchlaufen hatten. „Als ich das erste Mal in Mazedonien Urlaub gemacht habe, habe ich mich fremd gefühlt", erinnert sich Manica Voglsam. Dieser Landesteil war stark durch die jahrhundertelange Herrschaft der Türken geprägt. In Slowenien waren noch aus der Monarchie Industriebetriebe vorhanden und auch in der jugoslawischen Republik wurde Slowenien planwirtschaftlich als Industriestandort gefördert. Ein nicht unwesentlicher Vorteil, als die Teilung Jugoslawiens anstand.

„In den Augen der Europäer sind wir Osteuropäer, aber in unserer eigenen Definition waren wir immer Mitteleuropäer", sagt Manica. Dennoch sieht sie die Slowenen nicht gefeit vor Chauvinismus. „Ich schäme mich, wenn ein Slowene schlecht über einen Bosnier spricht. Wir sind doch alle gleich." Die gelernte Klinische Psychologin und Psychotherapeutin hat sich in ihrer Heimat von 1989 bis 1991 auch politisch engagiert. Das lag vielleicht in der Familie, denn ihr Bruder war einige Zeit Minister. „Aber er ist ein besserer Wirtschaftsmann als Politiker." Manica folgte der Einladung eines Freundes in die Sozialdemokratische Partei Sloweniens. Doch nach den ersten freien Wahlen 1991 verließ sie das politische Parkett wieder. „Es war eine gute Erfahrung zu sehen, dass ich weit weg von dem sein will." Die Macht, findet sie, verführt Menschen, um jeden Preis daran festhalten zu wollen. „Wenn man Macht bekommt, vergisst man seine Ideale. Deswegen ist die Kontrolle der Macht ungeheuer wichtig und es muss unbedingt mehr Parteien geben."

Manica ist im Kommunismus groß geworden. Mit etwas Sentimentalität erinnert sie sich, wie sie in der ersten Klasse Volksschule in die Pionierorganisation der kommunistischen Partei aufgenommen wurde. „Meine Mutter hat mir aus ihrem alten Rock einen neuen geschneidert und ein blaues Schiffchen mit rotem Stern für den Kopf. Ich bin mir so schön vorgekommen." Diese Zugehörigkeit habe ihr auch Identität vermittelt, erinnert sie sich. Manicas Vater war Sozialist, hielt aber eine kommunistische Gesellschaft für eine Illusion, weil die Menschen dafür noch nicht reif seien.

„Wir haben damals im Kommunismus sehr gut gelebt", erinnert sich Manica. „Ich glaube, uns ist es besser gegangen als der Familie meines Mannes in Österreich." Alle zwei Jahre ein neues kleines Auto, jedes Jahr Urlaub, eine schöne Wohnung. „Erst spät habe ich begriffen, dass das nur möglich war, weil wir den Staat systematisch geplündert haben." Damit meint sie nicht die einzelnen Staatsbürger, sondern das System an sich, die nicht funktionierende Wirtschaft. „Wenn heute viele klagen, dass es früher in Jugoslawien schöner war, vergessen sie leicht, warum und zu welchem Preis."

Die Kinder taufen zu lassen war im kommunistischen Slowenien Sache der Omas. Die waren noch ganz katholisch und gingen treu zur Kirche. Für die Jungen war das Kirchengehen und der Glaube einfach etwas Altmodisches. „Da konnte mich meine Oma dann auch nicht mehr bestechen mitzukommen." Gefirmt wurde Manica erst als Erwachsene auf eigenen Wunsch. „Ich glaube, die Menschen sind angeboren religiös und irgendwann im Leben findet jeder einen Zugang. Die Konfession sehe ich mehr als eine Frage der Kultur, in der man lebt."

Als Manica sich in der Politik engagierte, setzte sich ihre Partei für eine lose Föderation zwischen den jugoslawischen Teilstaaten ein. „Wir sind täglich nach Belgrad geflogen, haben verhandelt, wollten eine freie Marktwirtschaft und ein Mehrparteiensystem." Die Verhandlungen zeitigten jedoch ein anderes Ergebnis.

Am 26. Juni 1991 erklärten Slowenien und Kroatien ihre Unabhängigkeit. Aus einem kurzen, zehn Tage dauernden Krieg zog sich die jugoslawische Volksarmee zurück. „Dieser Zehn-Tage-Krieg war eine komische Zeit. Wir haben gearbeitet, aber immer Fernsehen geschaut. Zweimal gab es Fliegeralarm. Dann war alles vorbei."

1995 hat Manica ihren Ehemann geheiratet, der in Oberösterreich Bauer und Produzent von Obstsaft ist. Um sich in Hofkirchen zu integrieren, ist sie für eine Periode auch Mitglied des Pfarrgemeinderates geworden. Problemlos fand sie Arbeit im Evangelischen Diakoniewerk in Gallneukirchen. Deutsch konnte sie seit ihrer Schulzeit. Von der Sprache abgesehen, meint Manica, sind die Unterschiede zwischen Österreichern und Slowenen nicht sehr groß. „Vielleicht steht zwischen uns eher das Bild der Österreicher, die meinen, wir müssten anders sein, weil wir in einem anderen System gelebt haben."

Dennoch zieht es sie alle paar Wochen zu ihrer Familie nach Slowenien und wenn sie bald einmal in Pension gehen wird, möchte sie noch mehr Zeit bei Kindern und Enkeln verbringen.

„Ich bin slowenische Staatsbürgerin und ich möchte einmal in Slowenien begraben werden.“

Slowenische Kulinaria

Mit Weihnachten daheim verbindet Manica Voglsam vor allem Gerüche. Lebkuchen, Weihrauch. Gegessen hat sie als Kind allerdings nicht gerne und auch heute lässt sie sich lieber bekochen. Zum Beispiel von ihrer Tochter Jana. Die ist nicht nur in der Tourismuswerbung der Stadt Ljubljana erfolgreich, sondern hat auch die folgenden Rezepte ausgewählt.

Karpfenfilets mit Gemüse

(4 Portionen)

4 Karpfenfilets
Salz
Pfeffer
4 große, halb gekochte Kartoffeln
1 Stange Porree
2 grüne Paprika
2 Tomaten
1/4 l trockener Weißwein
1 Becher Sauerrahm

Marinade:
1 Zwiebel
4 Knoblauchzehen
Saft einer Zitrone
Rosmarin
Thymian
Majoran
1 Lorbeerblatt

Butter für die Form
Olivenöl zum Anbraten

Die Karpfenfilets salzen, pfeffern und für eine Stunde in die Marinade legen. Für die Marinade Zwiebel fein hacken, Knoblauch zerdrücken und mit den übrigen Zutaten vermischen.

Eine Auflaufform mit Butter bestreichen, Kartoffeln in dünne Scheiben schneiden und die Form damit auslegen. Darauf die Filets schichten. Porree, Paprika und Tomaten in gefällige Stücke schneiden und kurz in Olivenöl anbraten. Gemüse über die Filets geben. Die Marinade mit Weißwein vermischen und über die Filets gießen.

Bei 200 Grad 20 Minuten im Rohr braten. Kurz vor dem Garwerden mit einem Becher Sauerrahm übergießen.

Nusspotitze

Für 10 bis 15 Stücke

Teig:
2,5 dag Germ
2,5 dl Milch
6 dag Zucker
50 dag glattes Mehl
7 dag Margarine oder Butter
2 Eidotter
1 El Rum
Salz
Margarine und Brösel für die Form
Eiklar zum Bestreichen

Fülle:
1–1,5 dl Milch
4 dag Butter oder Margarine
8 dag Zucker
30–35 dag geriebene Nüsse
6 dag Brösel
Zimt
Vanillezucker
6 dag Honig
2 Eiklar
1 El Rum
2 Hand voll Rosinen zum Bestreuen

Die Germ zerbröckeln und in lauwarmer Milch auflösen, mit 1 El Zucker und 2 El Mehl verrühren und an einem warmen Ort gehen lassen. Anschließend das Dampfl mit dem übrigen Mehl und den anderen Zutaten vermischen und zu einem glatten Teig abschlagen. An einem warmen Ort gehen lassen.

Für die Fülle Milch mit Butter und Zucker aufkochen und heiß über die Nüsse gießen. Brösel, Zimt, Vanillezucker, Honig und Rum beifügen, gut durchrühren. Abkühlen lassen und ein zu festem Schnee geschlagenes Eiklar einrühren.

Den Teig auf einem bemehlten Blech zirka 1 cm dünn auswalken, mit der Fülle bestreichen und mit Rosinen bestreuen. Den Teig zusammenrollen, in eine Kranzform füllen und nochmals gehen lassen. Vor den Backen mit Eiklar bestreichen. Bei 200 Grad backen. Wenn der Teig Farbe nimmt, die Hitze auf 180 Grad reduzieren; gesamte Backdauer zirka eine Stunde.

Heiße Potitze mit Öl bestreichen und ausgekühlt mit Staubzucker bestreuen.

Aniskekse

17 dag feines Mehl
10 dag Zucker
8 dag Butter
1 dag zerstoßener Anis
1 Eidotter
2 Eidotter zum Bepinseln
Kristallzucker zum Bestreuen

Aus allen Zutaten einen Teig kneten, diesen 4 mm dick auswalken. Runde Kekse ausstechen, mit Dotter bepinseln und mit Kristallzucker bestreuen. Auf gefettetem und bemehltem Backblech bei mittlerer Hitze backen.

Heimat Bosnien-Herzegowina

Für mich zählt, ob jemand ein Mensch ist

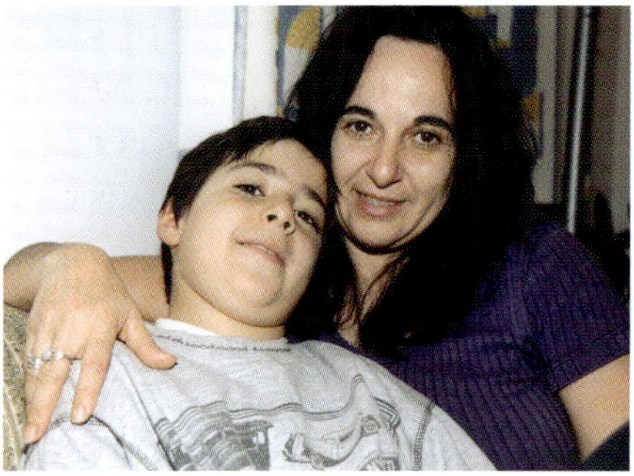

Jadranka Domazet, 41, flüchtete hochschwanger aus dem bosnischen Banja Luka. Heute lebt sie mit Sohn Sanjin in einem alten Pfarrhof in Oberösterreich und versucht sich mit ihrer Lebensgeschichte zu versöhnen.

Sanjin, dieser Name heißt ins Deutsche übersetzt „Traum". Jadranka hat sich diesen Namen für ihren Sohn gewünscht und sie wünscht sich, eines Tages wieder im Süden leben zu können, dort, wo die Sonne öfter scheint und es wärmer ist.

Vor elf Jahren, am Morgen des 6. September 1992, kam Jadrankas Schwager, der Serbe ist und Buschauffeur, ins Haus der kroatischen Familie. „Jadranka, du musst weg. Die Stadt ist abgeriegelt, es fahren nur mehr zwei Busse aus der Stadt. Ich habe eine Fahrkarte für dich." Jadranka war im sechsten Monat schwanger. Der Vater ihres Kindes war Serbe, sie selbst hatte erst vor kurzem ihren Posten in der Bank verloren, weil sie Kroatin war. In ihrer Heimatstadt Banja Luka begannen die ethnischen Säuberungen. Mit einer einzigen Tasche bestieg sie wenige Stunden später den Bus. An der Stadtgrenze mussten alle Moslems den Bus verlassen. „Ich weiß nicht, ob sie überlebt haben." Dann nur fahren, fahren, fahren. Noch am Abend desselben Tages kam der Bus nach Linz. Zwei Tage blieb Jadranka in einem Auffanglager, dann wurde sie im Asylantenheim in der Lunzerstraße einquartiert. „Dort habe ich es nicht ausgehalten. Ich wollte sofort wieder zurück nach Banja Luka oder auf der Stelle sterben." Jadranka konnte nur eines: den ganzen Tag weinen. Sie verstand nicht, was passiert war. Schließlich kam sie in die Obhut der Caritas-Flüchtlingsbetreuung. Zu rettenden Engeln wurden Franz und Maria Rendl aus Goldwörth bei Linz. Der Diakon und seine Frau nahmen Jadranka zuerst im eigenen Haus auf und brachten sie schließlich im alten Pfarrhof des Ortes unter. Maria Rendl wurde zur mütterlichen Freundin. Sie lernte Kroatisch, zumindest so viel, dass sie wusste, was atmen und pressen heißt. Am 8. Dezember kam mit ihrem Beistand Sanjin, der Traum, zur Welt.

Für Jadranka begann eine schwere Zeit. Die Flucht lastete wie ein Trauma auf ihr, sie lebte zwischen den Zeiten und den Welten. „Im Spital habe ich nur geweint, weil ich meinem Kind überhaupt nichts kaufen konnte." In Banja Luka hatte Jadranka ein angenehmes Leben geführt, als Bankangestellte hatte sie gut verdient. Ausgiebige Wochenendreisen, schöne Kleidung, gutes Essen. „Ich habe das Geld leicht ausgegeben." All ihre Ersparnisse waren durch den Krieg wertlos geworden, sie konnte sie nicht mehr beheben.

Mit dem kleinen Kind in Österreich gab es Zeiten, wo „ich nicht wusste, wie ich ihm etwas zu essen kaufen sollte". Doch immer fand sich jemand, der ihr etwas schenkte. „Es tut so weh, wenn man sich helfen lassen muss", sagt sie heute. „Ich war immer stolz, auch in alten Gewändern. Ich lache, auch wenn es mir schlecht geht, weil ich nicht will, dass andere meine Schwäche sehen."

Zwei Jahre lang blieb Jadranka in Österreich deutschstumm. „Ich habe zwar mit der Zeit viel verstanden, aber ich habe kein einziges Wort geredet." Mehrere Jahre vertraute sie sich nur ihrem Tagebuch an, schrieb sechs Heft voll. Bis 1995 hatte Jadranka keinen direkten Kontakt zu ihren Eltern und ihren Brüdern. Die Eltern mussten ebenfalls aus Banja Luka flüchten, sie landeten in Kroatien. Jadrankas Mutter lebt bis heute dort und träumt nur davon, wieder nach Banja Luka zurückzukehren. Jadrankas Vater starb vor einigen Jahren. Er wurde in einem Sarg bestattet, der jederzeit nach Banja Luka umgebettet werden könnte.

„Ich war lange Zeit ganz allein mit dem Kind. Ohne Freunde wurde mir ein Tag so lang wie eine ganze Woche." Jadranka handarbeitete viel und lernte dadurch Helene kennen, eine Ärztin aus einem Nachbarort. Mit Helene freundete sie sich an und mit ihr sprach sie Deutsch. Als Sanjin in den Kindergarten kam, meldete sie sich zu einem Deutschkurs an der Universität an, den sie erfolgreich abschloss.

„Letzte Weihnachten hat sich Sanjin gewünscht, dass ich so Deutsch spreche wie alle anderen hier. Ich habe ihm gesagt: ‚Sanjin, das wird nie sein.'" Der aufgeweckte Zehnjährige ist ein ausgezeichneter Schüler geworden. Ganz selbstverständlich spricht er Mühlviertler Dialekt. Sanjin bewegt sich müheloser zwischen den zwei Welten seiner Herkunft. Den Sommer verbringt er bei seinen Onkeln und Cousins in Kroatien. Da könnte er sich dann vorstellen, immer dort zu leben, bis er bedenkt, dass seine Freunde ja alle in Österreich sind.

Österreicherin oder Kroatin? „Ich habe die Erfahrung gemacht, dass ich trotz österreichischer Staatsbürgerschaft hier für eine Ausländerin gehalten werde, vor allem, wenn ich mich um Arbeit beworben habe."

Lange überlegte Jadranka, ob sie nach Kroatien zurückgehen oder Österreicherin werden sollte. „Dann bin ich einen Monat zu meiner Familie nach Kroatien gefahren und habe erlebt, dass meine Angehörigen dort auch Ausländer sind, obwohl sie Kroaten sind."

Als Sanjin in den Kindergarten kam, fand Jadranka auch Arbeit. Fünf Jahre bediente sie Kunden an einem Würstlstand. Da lernte sie nicht nur die Sprache, sondern auch viel über die Mentalität der Österreicher.

Vor kurzem wurde der alte barocke Pfarrhof von Goldwörth schön renoviert. Jadranka und Sanjin leben in einer hübschen Wohnung im ersten Stock. Jadranka hält Pfarrhaus und Pfarrheim auf Schuss und bezahlt dafür keine Miete. 25 Stunden pro Woche verkauft sie in einem Lebensmittelgeschäft im Nachbarort. Sie ist ruhiger geworden und zufriedener. „Ich muss Menschen um mich haben, deswegen ist die einzige Zeit, die ich mir einteile, wann mich jemand besuchen kommt." Sie kann sich ein kleines Auto leisten. Am Wochenende erkundet sie mit Sanjin oft die nähere Umgebung bis hinauf nach Tschechien, vier Mal im Jahr leisten sich die beiden eine Reise nach Wien. „Ich spare nicht mehr und plane nicht mehr. Ich habe gesehen, dass alles von einem Tag auf den anderen weg sein kann." Die Sehnsucht nach schönen Kleidern ist geblieben, aber das kommt später. Nun will sie ihrem Sanjin die Mittelschule finanzieren. Sie hat den Traum, dass er einmal viele Sprachen spricht und überall auf der Welt leben kann.

Den Krieg in ihrer Heimat versteht Jadranka bis heute nicht. „Für mich ist der Krieg nie wirklich geworden. Ich kann es nicht verstehen und empfinde auch keinen Hass. Wie kann es sein, dass ein Schulfreund mich von einem Tag auf den anderen nicht mehr grüßt, nur weil er Serbe ist und ich Kroatin bin? Für mich zählt nur, ob jemand ein Mensch ist." Manchmal steigt noch eine diffuse, große Angst in ihr hoch. Sie kann sie schwer beschreiben. „Das ist eine innere Unruhe, ein Gefühl, als ob ich ein Luftballon wäre und gleich zerplatzen würde." Laufen und Musik hören, das hilft ihr dann meist, lenkt ihre Gedanken ab.

Jadranka hat einen Traum, nein, es sind mehrere. „Ich habe einen Traum, dass ich gesund bin, denn wenn ich krank bin, kann ich nicht überleben. Alles andere kommt, wie es kommen muss." Sie lacht ein herzliches, tiefes Lachen, eines, das wärmt. Hoffentlich auch sie selber.

Rezepte aus Jadrankas Familie

Sarma

(Gefülltes Kraut)

1 Zwiebel
15 dag Fett
50 dag Faschiertes vom Schwein
25 dag Faschiertes vom Rind
3 dag Reis
Petersilie
Salz
Pfeffer

1 Ei
2 kg Sauerkraut als ganzer Kopf
20 dag geselchte Ripperl
15 dag Speck
5 dag Fett
1 El Mehl
1 El Paprikapulver

Zwiebel fein schneiden und im Fett anrösten. Faschiertes Fleisch dazugeben, anschließend den Reis. Alles gut vermischen, mit Petersilie, Salz und Pfeffer würzen und dem Ei binden. Krautblätter einzeln vom Kopf lösen, mit Fülle belegen, einrollen. Restliches Sauerkraut fein schneiden.

Den Boden eines Sechs-Liter-Topfs mit Sauerkraut bedecken, darauf die Krautrouladen schlichten, mit Sauerkraut bedecken und abwechselnd mit den Rouladen befüllen. In die Mitte die Ripperl und den Speck geben. Alles mit kaltem Wasser bedecken und drei bis vier Stunden langsam garen.

Abschließend aus Fett, Mehl und Paprika eine Einbrenn bereiten und damit das Kraut übergießen. Eine weitere halbe Stunde garen.

Dazu passt Maisbrot.

Maisbrot

2 Becher Maismehl
1 Becher griffiges Mehl
1/2 Becher Öl
1 1/2 Becher Milch
1 Ei
1 P Backpulver
je eine Messerspitze Salz und Zucker

Sämtliche Zutaten gut verkneten, in eine Brotform füllen und bei 180 bis 200 Grad im vorgeheizten Rohr 20 bis 30 Minuten backen.

Lokumi

25 dag Margarine
1 Becher Öl
1 Becher Zucker
25 dag Kokosflocken oder Nüsse
Mehl nach Bedarf

Vanille- und Staubzucker zum Wälzen

Für den Teig alle Zutaten verkneten und eine halbe Stunde kalt rasten lassen. Den Teig zu einer fingerdicken Rollen formen. Von der Rolle 3 cm lange Stücke abschneiden und auf ein Blech legen. In der Mitte des vorheizten Rohres bei 180 Grad zwölf Minuten backen. Noch lauwarm in einer Mischung aus Vanille- und Staubzucker wälzen.

Baklava

70 dag Blätterteig
50 dag grob gemahlene Nüsse
20 dag Zucker
1 Becher Semmelbrösel
25 dag Butter

Zuckerguss:
7 dl Wasser
80 dag Zucker

Die Nüsse mit den Bröseln und dem Zucker vermischen. Blätterteig dünn ausrollen. In eine gefettete Auflaufform eine Lage Blätterteig geben, mit Nussmischung füllen. Vorgang wiederholen, bis Teig und Nüsse aufgebraucht sind. Nun alles mit einem scharfen Messer in Würfel schneiden. Mit restlicher geschmolzener Butter übergießen. Eine Stunde backen, dabei die Backtemperatur von 250 Grad auf 70 Grad reduzieren.

Für den Zuckerguss Wasser und Zucker aufkochen und auskühlen lassen. Den warmen Kuchen mit kaltem Zuckerguss übergießen.

Zuhause reden wir Kroatisch

Ivanka Topić stammt aus Bugojno in Mittelbosnien. 1992 floh sie vor dem Krieg nach Österreich. Sie lebt mit ihrem Mann Marian und zwei Söhnen – Davor, 15, und Damir, 13 – in Oberösterreich. Sie arbeitet als Hausangestellte in einem Bildungshaus.

„Ich bin noch immer in Urlaub", meint Ivanka Topić mit dem Unterton der Ironie. Im April 1992 hatte sie sich in ihrer Firma drei Wochen Urlaub genommen und war mit den beiden kleinen Söhnen und einem Koffer, gefüllt nur mit der notwendigsten Kleidung, zu ihrer Schwester nach Österreich gefahren. „Wenn man dauernd Schüsse hört, bekommt man Angst. Aber nie hätte ich gedacht, dass die Leute so dumm sind und wirklich einen Krieg beginnen werden."

Im Jahr 1996 konnte Ivanka zum ersten Mal wieder zurück in ihre Heimat. „Als ich unser Haus betreten habe, konnte ich zehn Minuten nur weinen. Alles in mir hat weh getan." Außer den Möbeln war nichts mehr von dem im Haus, was Ivanka zurückgelassen hatte. Nur die Fotoalben hatte die Schwiegermutter gerettet, ehe auch sie 1993 aus dem Haus geflüchtet ist.

Ivanka lebte in Bugojno, einer kleinen Stadt in Mittelbosnien. Sie ist Kroatin, die Nachbarn waren Serben und Muslime. Als der Krieg begann, schossen zuerst die Serben auf Kroaten und Muslime und später Muslime und Kroaten aufeinander. In Bugojno blieben die Muslime siegreich. Nach 1996 und dem Friedensschluss von Dayton kamen langsam die Kroaten wieder zurück. Ivankas Haus war von einer muslimischen Familie bewohnt worden. Als diese in ihr eigenes Haus, das von geflüchteten Kroaten bewohnt worden war, zurückkonnten, zog Ivankas Schwiegermutter wieder ein.

Das Haus und die Familie waren der Mittelpunkt von Ivankas Leben. 1986 hat sie geheiratet, zwei Kinder bekommen und ein Haus gebaut. Zu Weihnachten 1991 zog die Familie in den Neubau ein. Im April 1992 ist Ivanka „auf Urlaub“ gefahren.

Ihre Eltern, ihre Brüder, die Schwiegermutter und die Schwäger blieben zurück in Bosnien, im Krieg. Ivankas Vater wurde gefangen genommen und ist seither schwer krank. Die Grausamkeiten des bosnischen Krieges sind hundertfach erzählt. Bis heute kann auch Ivanka nicht begreifen, warum dieser Krieg geführt wurde. „Wir dachten, wir sind zivilisierte Menschen. Aber leider steckt in jedem Menschen viel Böses. Es braucht nur etwas passieren und dann merkt man, wer gut und wer böse ist. Milosevic hat niemanden umgebracht, das haben die Leute selbst gemacht.“

Heute leben die Nachbarn in Bugojno mehr auf Distanz. Sie sind misstrauisch geworden, schotten sich wieder mehr in der eigenen Familie, der eigenen Nationalität ab. Bis in die Alltagssprache versucht man, kroatisch, bosnisch oder serbisch zu sein. Arbeit gibt es allerdings für alle kaum. „Das wäre aber am wichtigsten“, meint Ivanka, „wenn die Leute Arbeit haben, vermischen sie sich besser. Die internationalen Organisationen hätten lieber Fabriken als Wohnhäuser bauen sollen.“ Wenn die Menschen zuhause und untereinander blieben, kämen sie auch bei ihren Gesprächen zu den immer gleichen Schlussfolgerungen. Vor dem Krieg arbeitete Ivanka in einer Waffenfabrik. „Es war eine gute Arbeit, wir bekamen Prämien und waren stolz auf die Delegationen, die aus aller Welt zu uns kamen. Für uns waren die Waffen einfach Produkte wie alle anderen. Wir haben nicht darüber nachgedacht, was damit angerichtet werden kann. Heute wäre es mir lieber, wenn nirgendwo mehr Waffen erzeugt werden."

In Ivankas Erzählungen kehren die kroatische Familie und die verlorene Heimat immer wieder. Sie träumt auch davon, „dass ich flüchten muss und nichts mitnehmen kann".

1992 kam sie aus Bugojno mit ihren kleinen Kindern nach Wels, wo ihre Schwester im Bildungshaus Schloss Puchberg gearbeitet hat. Ivanka fand Aufnahme. Als ihr Mann Marian nachkam, teilten sie sich zu viert ein Zimmer. Marian fand Arbeit, Ivanka konnte in Puchberg angestellt werden. Schließlich wurde die alte Waschküche des Schlosses zu einer Zweizimmerwohnung für die junge Familie umgebaut.

„Uns geht es in Österreich sehr gut", erzählt Ivanka. Das Gehalt reicht, um auch die Familie in Bosnien mitzuversorgen. Eine Selbstverständlichkeit, die nicht in Frage steht. Ivanka: „Mich hat immer erschreckt, wie wenig die Kinder hier auf ihre Eltern halten. Für mich war es daheim selbstverständlich, mit den Eltern oder Schwiegereltern in einem Haus zu leben und mich auch jetzt um sie zu kümmern. Ich käme nie auf die Idee, woanders als zu ihnen auf Urlaub zu fahren. Die Eltern haben mich erzogen und ich habe ihnen etwas zurückzugeben."

Drei bis vier Mal reist Familie Topić im Jahr nach Bosnien. Die Söhne verbringen die Ferien in Bugojno.

Ob sie je ganz zurückgehen werden? „Heute ist es für uns hier besser. Wir haben Arbeit, unsere Söhne haben gute Schulen." Vielleicht in der Pension? Ivanka fühlt sich manchmal auch in Bosnien „wie ein Ausländer, weil die Menschen jetzt anders sind als früher".

In Österreich ist sie aber auch nicht ganz zuhause. „Hier sind die Menschen einfach mehr für sich. Wer alles hat, braucht den anderen nicht so." In ihrer Freizeit trifft sich Ivanka mit kroatischen Landsleuten. „Ich hätte bei den Österreichern Angst, dass ich etwas falsch mache, weil ich doch ihre Bräuche nicht so kenne."

Aus Ivankas Mehlspeis-Kochbuch

Oras Kiflice

(Nusskipferl)

35 dag glattes Mehl
20 dag Margarine
8 dag Zucker
10 dag geriebene Nüsse
1 Eiklar
1/2 P Backpulver
10 dag Staubzucker zum Wälzen

Alle Zutaten vermischen und zu einem glatten Teig kneten. Etwa eine halbe Stunde kühl rasten lassen. Eine Rolle formen und schräg kleine Stücke abschneiden. Bei 180 Grad backen, bis sie schön braun sind. Noch warm in Staubzucker wälzen.

Oblatné

(Waffelschnitten)

1/2 l Milch
25 dag Zucker
10 dag Schokolade
20 dag geriebene Nüsse
Waffeloblaten (am besten „Oblatné", die es in türkischen Geschäften zu kaufen gibt)

Die Milch mit dem Zucker mischen und in einem großen Topf bei geringer Hitze ein bis zwei Stun-

den kochen, bis die Masse braun und dickflüssig wird. Noch heiß werden Schokolode und Nüsse eingemengt. Je zwei Oblaten damit füllen, die Masse soll noch warm sein. Zum Trocknen beschweren und abkühlen lassen. In handliche Stücke schneiden.

Sape

(Bärentatzen)

2 Schalen Mehl
1/2 P Backpulver
1 Schale Nüsse
1 Schale Zucker
1 Schale Schweineschmalz (keine Margarine)
2 Eier

Alle Zutaten zu einem feinen Teig verrühren und in Tatzenformen (oder ähnliche feste Formen) füllen. Bei 180 Grad goldbraun backen. Aus der Form stürzen, mit Zucker bestreuen oder in Zucker wälzen.

Hormasica

1/4 kg Margarine
2 Dotter
2 Eiklar
1/2 P Backpulver
glattes Mehl nach Bedarf

Margarine und Dotter schaumig rühren, Eiklar zu festem Schnee schlagen und unterheben. Das Backpulver und so viel Mehl dazugeben, bis der Teig nicht mehr klebt, aber auch nicht zu fest ist. Den Teig kneten. Kleine Teigstücke von der Größe eines halben Hühnereis herunterbrechen, zuerst eine Kugel formen, dann eine kleine Rolle, auf das nicht befettete Blech legen, leicht flach drücken und mit der Gabel ein Muster ziehen. Bei 180 Grad zirka 30 Minuten backen.

Inzwischen 3/4 Liter Wasser mit einem Kilo Zucker eine halbe Stunde bei kleiner Hitze kochen, bis sich Bläschen bilden und der Sirup dickflüssig wird. Diesen Saft über die noch warmen Kuchen auf dem Blech gießen. Sie sollen saftig feucht werden; eventuell umdrehen.

Der Teig kann abgeändert werden, wenn das Mehl teilweise durch Kokosflocken oder Nüsse ersetzt wird.

Coca-Cola-Kuchen

Biskuit:
5 Eier
5 El Zucker
5 El glattes Mehl
2 El Kakaopulver
1 P Backpulver
1 dl Öl

Fülle:
25 dag Margarine
25 dag Staubzucker
30 dag Butterkekse
3 dl Coca-Cola
1/2 Liter Milch
6 El glattes Mehl
Schlagobers
Kakao

Für das Biskuit Eier mit Zucker schaumig rühren, die restlichen Zutaten einmengen und auf einem gefetteten, bemehlten Blech 12 bis 15 Minuten backen.

Margarine und Staubzucker mit dem Mixer gut verrühren. Butterkekse fein reiben und mit Coca-Cola vermischen. Etwas ziehen lassen. Milch kochen, Mehl mit etwas Milch glatt rühren und in die heiße Milch gießen; gut durchrühren, vom Feuer nehmen.

Nun diese drei Teile der Fülle vermengen und auf dem Biskuit verteilen. Zum Schluss mit Schlagobers bestreichen und eventuell mit Kakao bestreuen.

Schaut etwas kompliziert aus, ist aber ruck, zuck fertig!

Heimat Serbien

Meine Leute sind mit nichts gekommen

Goran Stojkov ist als Gastarbeiterkind in Linz aufgewachsen. Die Verbindung zur früheren Heimat Jugoslawien wird besonders für seine Kinder immer loser, jedoch nicht ganz unabsichtlich.

„Meine Eltern“, sagt Goran Stojkov, „sind keine typischen Jugoslawen. Sie haben sich immer bemüht, die deutsche Sprache zu lernen und sich anzupassen.“ Der Vater hat in der Linzer VOEST im Dreischichtbetrieb gearbeitet. Heute mit 63 hat er viele gesundheitliche Probleme. Die Mutter verdingte sich als Putzfrau. „Meine Eltern haben gearbeitet wie die Berserker.“ Goran Stojkov erzählt das mit Stolz. „Sie wollten, dass es mir und meinem Bruder einmal besser geht.“

Eineinhalb Jahre war Goran alt, als er 1968 mit seiner Mutter aus Jugoslawien dem Vater nach Österreich folgte. Er war ein Gastarbeiterkind. „Tschusch, Kanak“, hätten ihn die Kinder in der Volksschule gelegentlich verspottet. „Da hat es dann manchmal auch Schlägereien gegeben." Goran wollte dazugehören – und gleichzeitig stolz auf die Heimat seiner Eltern sein. „Wenn ein Fußballspiel Österreich gegen Jugoslawien war, habe ich immer zu Jugoslawien gehalten." Eines hat ihn in der Schule besonders gestört: Er sollte am serbokroatischen Zusatzunterricht teilnehmen, damit die Verbindung zum Heimatland erhalten bliebe. „Das hat mich frustriert und überhaupt nicht interessiert." Das Lied „Bruder Tito" wollte ihm partout nicht über die Lippen kommen. So erfand Goran Ausrede um Ausrede und brachte es schließlich auf bloße vier, fünf Unterrichtsstunden.

1976 erhielt die Familie die österreichische Staatsbürgerschaft. Nach Jugoslawien zurückgehen? Ernsthaft haben die Eltern das vielleicht vor dem Krieg überlegt. Doch das Kapitel ist abgeschlossen. 1994 versuchte Goran mit seinen Eltern über die serbische Grenze nach Jugoslawien zu kommen, um dort die alten Großeltern zu besuchen. „Als die Grenzer unseren österreichischen Pass sahen, haben sie gesagt: ‚Geht dorthin zurück, wo ihr herkommt.' Mein Vater versuchte sie mit Geld zu schmieren. ‚Sollen wir euch verhaften?', haben die Grenzer dazu gemeint. Da sind wir umgekehrt und wieder nach Hause gefahren."

Die Großeltern, mittlerweile an die 90 Jahre alt, und Gorans Onkeln kommen in Serbien mehr schlecht als recht durch. „Großvater arbeitet bei einem Nachbarn, damit er sich ein Ei verdient." Seit Goran denken kann, haben seine Eltern immer Geld „nach unten" geschickt, um die Familie zu erhalten.

„Ich war mit 14 vielleicht noch zu blöd, um die Chancen zu nützen, die mir meine Eltern geboten hätten", wird Goran nachdenklich. Statt einer weiterführenden Schule machte er lieber eine Kochlehre. „Vielleicht hat mich das interessiert, weil ich schon von Kind auf immer für meinen Bruder und für mich gekocht habe, wenn die Eltern arbeiten waren." Im damals feinsten Lokal der Stadt Linz, dem „Allegro", lernte Goran sein Handwerk. Als die Familiengründung anstand, suchte er nach einem Arbeitsplatz, der einfacher mit Frau und Kindern zu verbinden war als das Gastgewerbe. Vom Magistrat der Stadt Linz wurde er als „Herdmädchen" angestellt. Für diesen Job war er der erste Mann, was prompt zur Umbenennung der Stelle in „Herdhilfe" führte. Heute ist er Küchenchef in einem Altersheim der Stadt Linz und der Chef von zehn Frauen. „Eine gute Arbeit, ich bin zufrieden." Mit einer besseren Ausbildung, das geht ihm immer wieder durch den Kopf, hätte er heute vielleicht ein Haus und nicht eine Mietwohnung. Dann muss er sich über sich selbst ärgern.

Der Name Stojkov sei bulgarisch, erzählt Goran. Doch wer die bulgarischen Vorfahren waren, hat sich im Lauf der Geschichte verloren. Sein Vater fühle sich als Serbe, sei auch serbisch-orthodoxen Glaubens. Seine Mutter sei, ja, was? Ihre Vorfahren waren eine Mischung aus Jugoslawen, Ungarn und Deutschen. Jedenfalls ist sie katholisch, wie auch ihre beiden Söhne.

„Ich fühle mich nicht als Serbe. Damit kann ich nichts anfangen. Ich war Jugoslawe." Seine Frau, Gastarbeiterkind wie er, hat kroatische Eltern. 1991 haben die beiden geheiratet. Kurz ehe der Krieg in der alten Heimat ausgebrochen ist. „Wenn wir unten gewesen wären, hätten wir nicht heiraten dürfen." Manchmal wurmt es Goran, dass den Serben die alleinige Schuld am jugoslawischen Bruderkrieg zugewiesen wird. „Dabei waren die Serben die Ersten, die aus Kroatien verjagt worden sind." Er versteht den Krieg nicht. Am plausibelsten scheint ihm die Erklärung: „Es ist eigentlich nur ums Geld gegangen. Milosevic* und Tudjman** haben sich Jugoslawien einfach untereinander aufgeteilt. Es heißt, die beiden hätten nebeneinander auf Zypern eine Villa." Die kleinen Leute hätte man über die Klinge springen lassen. Goran: „Man findet selten ein gastfreundlicheres Volk als die Serben. Die andere Seite ist, dass sie ein bisschen blöd sind. Sie sind fanatisch, jähzornig und labil, dass sie sich so in etwas hineinziehen lassen. Wahrscheinlich ist das eine Frage der Kulturgeschichte, was über die Generationen weitergegeben wurde."

Den Krieg habe er damals kaum aus seinen Gedanken herausgebracht. Dem heutigen Frieden misstraut er.

Zwei Kinder hat Goran Stojkov. Miriam ist zehn Jahre und Thomas acht Jahre. „Wir haben unseren Kindern absichtlich keine jugoslawischen Namen gegeben." Die Kinder sollen auch den nächsten Schritt zur vollständigen Integration in Österreich schaffen. „Ich möchte, dass sie eine gute Ausbildung haben und ihre Chancen nützen." Mit Begeisterung erzählt er von einer Großcousine, die in Deutschland gerade als Managerin Karriere macht. „Diese Helene kann dir ein Auto zerlegen und es auch wieder zusammenbauen. Sie reitet, ist ein Gourmet und hat es einfach geschafft." Für seine Tochter Miriam, meint er, könnte sie ein Vorbild sein. Thomas und Miriam verstehen noch Serbokroatisch, sprechen es aber kaum. Seit 1989 war keiner aus Gorans Familie in Serbien. Urlaub in Kroatien, das ja. Einmal erwog Goran den Gedanken, irgendwo an der kroatischen Küste ein Fischrestaurant aufzumachen. „Aber die Lage ist noch viel zu unsicher." Goran arbeitet im Altersheim weiter. Für seine Kinder, damit die es einmal besser haben.

---

* Slobodan Milosevic war Präsident Serbiens.
** Franjo Tudjman war kroatischer Präsident.

Rezepte aus der alten Heimat der Stojkovs

Goran und seine Familie essen am liebsten japanisch. Seine Eltern sind noch traditioneller und kochen viele Rezepte ihrer früheren Heimat. Sie haben die folgenden beigesteuert.

Sarma

(Krautrouladen)

1 Kopf Sauerkraut
4 große Zwiebeln
Fett
20 dag Speck
1 kg gemischtes Faschiertes
10 dag Reis
2 Eier
Salz
Pfeffer
Paprika
1/2 kg geschnittenes Sauerkraut
Mehl
Sauerrahm

Krautblätter vorsichtig vom Krautkopf lösen, die dicken Enden abschneiden. Sollte das Kraut sehr sauer sein, Blätter für 30 Minuten ins kalte Wasser legen. Zwiebeln fein hacken, in wenig Fett anrösten, in Würfel geschnittenen Speck beifügen, mitrösten, zum Schluss das Faschierte dazugeben. Nach acht Minuten den gewaschenen Reis und die Eier dazugeben, kurz mischen, mit Salz, Pfeffer und Paprika würzen. Die Krautblätter mit der Masse füllen und einwickeln. Die Hälfte des geschnittenen Sauerkrauts in einen großen Topf füllen, die Wickel darauf legen und mit dem restlichen Sauerkraut abdecken. Mit Wasser bedecken und auf kleiner Flamme mehrere Stunden kochen. Mit etwas Mehl und Sauerrahm binden, mit Weißbrot servieren.

Eintopf auf Banater Art

(für 8 bis 12 Personen)

2 kg Zwiebeln
2 kg Schweinefleisch (Schulter und Schopf)
2 Schweineherzen
2 Schweinenieren
20 dag Schweineleber
1 grüner Paprika
Salz
Pfeffer
1 El Paprikapulver (süß)
Knoblauch nach Geschmack

Zwiebeln fein schneiden, Schulter und Schopf in zirka 1 cm große Würfel schneiden, ebenso Herz, Nieren und Leber. Zwiebeln anrösten, Schulter und Schopfwürfel zufügen und weiterrösten. Nach zirka zehn Minuten Herz, Nieren, Leber und klein geschnittenen grünen Paprika zufügen. Anschließend paprizieren, salzen, pfeffern und im eigenen Saft dünsten. Nach Geschmack mit etwas Knoblauch verfeinern und heiß mit Weißbrot servieren.

Burek

50 dag Schweinefleisch
25 dag Rindfleisch
4 große Zwiebeln
2,5 dag Fett (Margarine)
1 Eidotter
Salz
Pfeffer
Strudelteig
Öl

Fleisch faschieren, Zwiebeln fein hacken, mit Fett und Dotter vermengen, mit Salz und Pfeffer würzen, gut durchkneten.

Teigblätter auflegen, mit Öl bepinseln. Die erste Teiglage in eine Auflaufform legen, dünn mit Fülle bestreichen, mit der nächsten Teiglage belegen. Drei bis vier Mal wiederholen. Die oberste Teigschicht mit Fett bestreichen und goldbraun backen. Danach mit lauwarmem, gesalzenem Wasser bespritzen.

Die Fülle kann man auch aus anderen Fleischsorten machen, man kann auch Topfen oder eine Apfelfülle in gleicher Art verarbeiten.

Djuvec

(für 6 bis 8 Personen)

75 dag Fleisch (gemischt, Schwein, Rind oder Schaf)
6 große Zwiebeln
75 dag Tomaten
4–6 grüne Paprika
10 dag Reis
Salz
Pfeffer
Paprikapulver
Suppe (Wasser)

Fleisch zuputzen und in Stücke schneiden. Zwiebeln, Tomaten und Paprika ebenfalls in grobe Stücke schneiden. Zuerst die Zwiebeln anrösten, dann das Fleisch und die Paprika zugeben und so lange rösten, bis die Paprika weich sind. Den gewaschenen Reis dazugeben und mitrösten. Nach zirka acht Minuten die Tomaten zufügen. Mit Salz, Pfeffer und Paprikapulver würzen. Mit Wasser oder Suppe aufgießen, dass das Ganze bedeckt ist, und zirka drei Stunden im Backrohr bei mittlerer Hitze dünsten.

Cesnic

30 dag gemahlene Walnüsse
20 dag Rosinen
10 dag Feigen
20 dag Dörrzwetschken
Honig
Öl
3 Strudelblätter

Nüsse, Rosinen, klein geschnittene Feigen und Zwetschken werden mit Honig vermischt, sodass eine zähe Masse entsteht.

Ein Strudelblatt auf ein gefettetes Blech legen, mit der Honigmasse bestreichen, darauf wieder Strudelblatt und Honigmasse geben. Das oberste Strudelblatt mit Öl bestreichen; im Ofen goldbraun backen. In der Weihnachtszeit werden im Teig kleine Münzen versteckt. Wer sie beim Essen findet, darf sie als Glücksbringer behalten.

Verzeichnis der Rezepte

Polen

Sauer
Bigos (Polnischer Krauteintopf) 28
Russische Piroggen (Russische Kasnudeln) 35
Süß
Polnischer Früchtelebkuchen 13
Strucla makowo-orzechowa (Mohn-Nuss-Potitze) 17
Swiateczne pierniki (Festtagskuchen) 18
Kutia (Mohngericht) 19
Gefüllter Lebkuchen 19
Schlesischer Lebkuchen mit Marzipan 20
Mohnkekse 21
Gugelhupf aus dem östlichen Grenzland 22
Feiner Lebkuchen mit Marzipan 22
Sernik (Topfenkuchen) 23
Schokorauten mit Zimt 29
Vanillekränzchen 29
Sekacz-Kuchen 34
Mürbe Krakauer Torte 36

Tschechien

Sauer
Skubanky 46
Veras Fischsuppe 50
Schwarzer Karpfen 58

Süß

Schneller Gugelhupf 41
Dreifarbige Topfenschnitten 42
Walnüsse 42
Böhmische Kolatschen 50
Schnee-Nuss-Kipferl 53
Weihnachtsstollen 57
Kokosküchlein 64
Zimtplätzchen 64
Schokowürfel 65
Haferflockenküchlein 65
Nussringe 65
Mandeln mit Schokolade 66
Obstwürfel 66
Apfelbrot 66
Schokokugeln 67
Honigschnitten 67

Rumänien

Sauer

Gefülltes Kraut 79
Grammelpogatschen 79
Eierschwammerlreis 81
Szekler Fisolensuppe 81
Klausenburger Sauerkrautauflauf 81

Süß

Großmutter-Schnitten 71
Klausenburger Augen 72
Kakao-Kartoffeln 72
Mutters Nussecken 73
1-2-3 73

Harlekin . . . 74
Krönchen . . . 74
Draculakuchen . . . 75
Mauertorte . . . 80
Obstsuppe . . . 82
Ungarischer Festtagskuchen . . . 88
Germteig-Schnecken . . . 89
Mutters Nussbiskuit . . . 90
Nussschnitten . . . 91

Ungarn

Sauer
Gefüllte Gans . . . 95
Ungarisches Fischgulasch . . . 96

Süß
Goldene Nockerl mit Weinchadeau . . . 96
Grießschnitten . . . 97
Falscher Honigkuchen . . . 98

Weißrussland

Süß
Weißrussische Nusstorte . . . 102
Kekse Belorusskie . . . 103

Litauen

Sauer
Zeppelinai (Kartoffelknödel) . . . 108
Saltibarsciai (Kalte Suppe) . . . 109
Jautienos Suktinukai (Rindsrouladen) . . . 110
Zuvies Frikadeles (Hechtlaibchen) . . . 110

Bulgarien

Sauer

Pita mit Glücksmünze . . . 116
Überbackene weiße Bohnen . . . 116
Vegetarisch gefüllte Weinblätter . . . 117
Schoppischer Salat . . . 121
Topfgerichte . . . 121

Süß

Oschaf . . . 117
Gekochter Weizen . . . 117
Kürbisstrudel . . . 122

Slowenien

Sauer

Karpfenfilets mit Gemüse . . . 127

Süß

Nusspotitze . . . 128
Aniskekse . . . 129

Bosnien-Herzegowina

Sauer

Sarma (Gefülltes Kraut) . . . 134
Maisbrot . . . 135

Süß

Lokumi . . . 135
Baklava . . . 136
Oras Kiflice (Nusskipferl) . . . 140
Oblatné (Waffelschnitten) . . . 140

Sape (Bärentatzen) 141
Hormasica 141
Coca-Cola-Kuchen 142

Serbien

Sauer

Sarma (Krautrouladen) 147
Eintopf auf Banater Art 148
Burek 148
Djuvec 149

Süß

Cesnice 149

Wenn wir nichts bewegen, wer dann?
Die Katholische Frauenbewegung ist eine Gemeinschaft bewegter Frauen, die sich ihrer Gestaltungskraft voll bewusst sind. Wir sagen ja zum Wandel, aber nicht zu jeder Entwicklung.
Möchten auch Sie Ihre Talente einsetzen, um Ihr Leben positiv und wertvoll zu gestalten?
Sagen Sie uns, was Sie bewegt! Dialog-Telefon der kfb Österreich: 01/515 52-36 95
kfb
KATHOLISCHE FRAUENBEWEGUNG

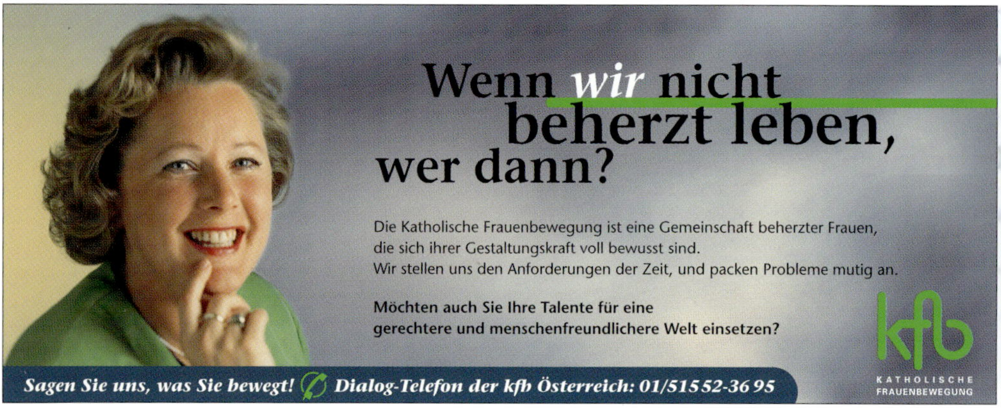
Wenn wir nicht beherzt leben, wer dann?
Die Katholische Frauenbewegung ist eine Gemeinschaft beherzter Frauen, die sich ihrer Gestaltungskraft voll bewusst sind. Wir stellen uns den Anforderungen der Zeit, und packen Probleme mutig an.
Möchten auch Sie Ihre Talente für eine gerechtere und menschenfreundlichere Welt einsetzen?
Sagen Sie uns, was Sie bewegt! Dialog-Telefon der kfb Österreich: 01/515 52-36 95
kfb
KATHOLISCHE FRAUENBEWEGUNG

Wenn wir nicht begeistert leben, wer dann?
Die Katholische Frauenbewegung ist eine Gemeinschaft begeisterter Frauen, die sich ihrer Gestaltungskraft voll bewusst sind. Wir wollen unserer Berufung eine Chance geben und unseren Glauben aktiv leben.
Möchten auch Sie Gott in Ihrem Leben mehr Raum geben?
Sagen Sie uns, was Sie bewegt! Dialog-Telefon der kfb Österreich: 01/515 52-36 95
kfb
KATHOLISCHE FRAUENBEWEGUNG

Meine Zeitschrift
Meine Welt

welt der frau
Die österreichische Frauenzeitschrift

JA, ich will WELT DER FRAU ...

- ❑ 3 Monate gratis lesen!
- ❑ 6 Monate testen um € 6,60 (statt € 12,-)!

Die Abos enden automatisch. Das Angebot gilt nur, wenn Sie WELT DER FRAU in den letzten 12 Monaten nicht bezogen haben.

Name/Vorname

Straße/Hausnummer

PLZ/Ort

Geburtsdatum

Telefon

Unterschrift

Wir freuen uns auf Sie als neue Leserin!

Nachgebühr beim Empfänger einheben

Bitte frankieren

welt der frau
Die österreichische Frauenzeitschrift

Lustenauerstraße 21
4020 Linz
Tel. 0 732/77 00 01-0
Fax 0 732/77 00 01-24
aboservice@welt-der-frau.at